AI+金融

用 Python 实现量化交易

李红丽　牛娜　著

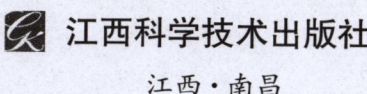

江西·南昌

图书在版编目（CIP）数据

AI+金融：用Python实现量化交易 / 李红丽，牛娜著．-- 南昌：江西科学技术出版社，2025.3．-- ISBN 978-7-5390-9464-9

Ⅰ．F830.9-39

中国国家版本馆CIP数据核字第20255G8U29号

AI+金融：用Python实现量化交易 　　　　　　　　李红丽　牛　娜　著
AI+ JINRONG：YONG Python SHIXIAN LIANGHUA JIAOYI

出版 发行	江西科学技术出版社
社址	南昌市蓼洲街2号附1号 邮编：330009　电话：（0791）86623491　86639342（传真）
印刷	定州启航印刷有限公司
经销	全国新华书店
开本	710 mm × 1000 mm　1/16
字数	230千字
印张	14.5
版次	2025年3月第1版
印次	2025年3月第1次印刷
书号	ISBN 978-7-5390-9464-9
定价	78.00元

国际互联网（Internet）地址：http://www.jxkjcbs.com　　选题序号：KX2025082　　赣版权登字：-03-2025-41
责任编辑：徐易羚　　总策划：杨青　　出版统筹：柴占伟
策划编辑：杜若婷　任楷　　装帧设计：张晴　章越
版权所有　侵权必究

（赣科版图书凡属印装错误，可向承印厂调换）

　　生成式人工智能学会了编写代码,作为人类认知模式的一种奇特镜像,它以近乎"元认知"的方式,重构了很多问题的解决路径。

　　金融市场正以越来越快的节奏不断演化,量化交易也在从单一的统计套利,逐步转向一个具有高度自适应性的智能交易生态系统。近年来,传统的统计套利模型已经越来越难以适应日益精细的市场生态,更先进的算法需要同时具备对历史数据的学习能力,以及对市场突发事件的实时响应机制。

　　那么能够写代码的 AI 究竟为金融、量化交易带来了哪些改变呢?这个疑问就是本书最根本的出发点。从实现层面来说,AI 编程并不能拓展量化交易现如今的技术边界——它没有带来算法的进化,也无法给出能够超越专业人士的交易策略。AI 编程最大的意义在于它推平了普通人与专家之间的技术壁垒,任何人只要稍加学习就能够编写出像模像样的程序,编程这件事情所要消耗的学习成本已经降低到了匪夷所思的地步。为什么不直接使用 AI 来帮助我们分析数据,反而要多此一举呢?首先,模型性能问题。目前生成式人工智能还无法自主解决如此高难度的问题,虽然金融领域的应用是生成式 AI 的一个重点研究方向,但是算力、算法、训练量等方面的诸多限制,使得这一方向依然没有取得很好的成效。其次,即便可用的金融模型成为现实,那也是与普通人关系不大的一件事情。高昂的训练以及维护费用,封闭的商业应用环境,普通人基本无法负担这个使用成本。在可预见的近未来,金融大模型只会是大型机构的特供商品。

本书旨在为读者提供一套面向实务场景的技术路径与学习范式。从基础的数据抓取与可视化，到经典的监督与非监督学习，书中都给出了具体的 AI 编程实现方案，以期真正将"AI+ 金融"这一概念从纸面推向可执行的落地方案。本书的内容结构并不只是理论与应用的平行堆叠，而是通过从零开始搭建环境、获取数据、清洗与管理数据、实现交易算法，到最终利用人工智能与自动化生成工具快速迭代策略代码的流程化演示，从而使读者不仅能理解理论本身，更能掌握从思路到实效的完整实施路径。

在写作过程中，笔者从工程实践的视角出发，强调解决问题的有效性与可重复性。除了基本的技术原理与工具介绍，本书更将聚焦于如何有效沟通需求给生成式 AI、如何迭代代码、如何应对实际开发中出现的报错与异常，及如何在快速变动的市场环境中不断优化模型和交易策略。量化交易并非单一技术的简单堆叠，而是数据工程、统计分析、机器学习、软件开发和交易策略构思多方面综合运用的结果。笔者希望通过清晰的分章与模块化思路，让读者在学习过程中自然地融会贯通各个知识环节。

无论是刚刚涉足量化交易领域，还是想要深入挖掘 AI 能力在量化中的价值，本书都希望能为读者提供指导和启发。在技术不断迭代与创新的时代，书中所展示的方法论与工程化思考模式将帮助读者在激烈的金融科技竞争中保持优势，不仅在理论与代码层面提升自我，更能在策略实现与落地层面迈出坚实的一步。

为了让读者更加清晰地感受 AI 的实际输出效果，本书在展示 AI 生成的内容时并未进行修饰，所以其中难免会有疏漏，还请读者海涵。

目 录

第 1 部分　AI 量化交易简介

- 第 1 章 | AI 时代的量化交易

    1.1　什么是量化交易 /// 2
    1.2　Python 在量化交易中所起的作用 /// 4
    1.3　机器学习与生成式 AI 所带来的质变 /// 5
    1.4　该如何选择 AI 工具 /// 7

第 2 部分　AI 量化交易编程入门

- 第 2 章 | Python 开发环境部署

    2.1　Python 部署 /// 10
    2.2　PyCharm 部署 /// 17

- 第 3 章 | AI 编程详解

    3.1　生成式 AI /// 24
    3.2　一切要从"Hello World"开始 /// 26
    3.3　让 AI 更精准地领会创作意图 /// 28
    3.4　如何把需求变得更加清晰 /// 34
    3.5　代码的迭代 /// 46
    3.6　报错的处理方法 /// 52

3.7 AI 编程实践：斐波那契数列生成器 /// 57

3.8 AI 编程实践：排序算法效率比较 /// 63

- 第 4 章 | 数据可视化编程

    4.1 Matplotlib 库简介 /// 70

    4.2 Seaborn 库简介 /// 72

    4.3 可视化实战：绘制 K 线图 /// 73

    4.4 可视化实战：绘制折线图 /// 80

    4.5 可视化实战：绘制条形图 /// 84

    4.6 可视化实战：绘制箱线图 /// 88

    4.7 可视化实战：绘制小提琴图 /// 92

第 3 部分 数据采集

- 第 5 章 | 数据抓取操作实例

    5.1 使用 Urllib 抓取数据 /// 98

    5.2 使用 Requests 抓取数据 /// 106

    5.3 使用 Beautiful Soup 解析数据 /// 112

    5.4 使用 Scrapy 抓取数据 /// 118

    5.5 使用 Selenium 抓取数据 /// 131

- 第 6 章 | 数据库管理

    6.1 关系型数据库 /// 142

    6.2 关系型数据库的数据类型与 Python 映射 /// 145

    6.3 关系型数据库操作示例 /// 147

    6.4 非关系型数据库 /// 150

    6.5 非关系型数据库的数据类型与 Python 映射 /// 156

    6.6 非关系型数据库操作示例 /// 160

第 7 章 | 数据预处理

7.1 数据常见问题 /// 172
7.2 处理缺失值 /// 173
7.3 处理异常值 /// 177
7.4 对齐时区与日期格式 /// 181
7.5 数据的归一化与标准化 /// 182

第 4 部分 量化交易常用算法实践

第 8 章 | 监督学习在量化交易中的应用

8.1 线性回归与正则化回归 /// 186
8.2 逻辑回归与分类模型 /// 196
8.3 决策树与随机森林 /// 199

第 9 章 | 无监督学习在量化交易中的应用

9.1 K 均值聚类 /// 204
9.2 层次聚类 /// 216
9.3 主成分分析 /// 219

后 记

第 1 部分
AI 量化交易简介

这一部分我们先来解析一些有关 AI 量化交易的关键词与重要概念。

第 1 章
AI 时代的量化交易

"AI 赋能"已然成为一个备受瞩目的年度热词。生成式人工智能的迅猛发展点燃了全球的集体想象力，AI 从学术和技术圈的专业概念，转瞬间成为大众市场炙手可热的焦点。

这样的境况使得许多人以为 AI 是近两年才兴起的技术，但是作为一个高度依赖数学模型和精密计算的行业，金融行业对机器学习和人工智能的探索其实由来已久。

1.1 什么是量化交易

以夏天买西瓜的场景为例：来到一个摊位前，伸手拍一拍西瓜，听听声音怎么样；问问老板价钱，与往年相比是便宜了还是贵了。在这个生活场景中，交易判断所依赖的是交易者的直觉、经验和对市场情况的主观判断，这种交易方式所代表的就是"非量化交易"，也叫作主观交易或者传统交易。

那么与之相对的，量化交易将数学模型、统计学原理及计算机技术应用于金融市场的交易过程中，利用复杂的算法来分析市场数据，以此来识别出价格模式和市场行为的潜在规律。在实施过程中，量化交易通过自动化系统来执行交易命令，能够在分析出有利的交易机会时迅速且精确地做出反应。这样的交易方式很好地摒除了人类主观的不稳定性所引起的交易误差，而且提高了交易的速度和效率，在消除人类情绪和偏见影响的同时也增强了策略的客观性和系统性，使得交易决策更加依赖于统计证据和数学验证。

量化交易的起源可以追溯到 20 世纪 70 年代，当时一些金融机构开始利用基本的统计方法进行交易决策。80 年代和 90 年代，随着计算机技术的进步，高频交易和算法交易开始兴起。进入 21 世纪之后，互联网和大数据的爆炸式增长为量化交易提供了丰富的数据源。近年来，人工智能和机器学习的应用进一步推动了量化交易的发展，使其能够处理更复杂的模型和更大规模的数据。

量化交易的核心在于将复杂的市场行为转化为可理解、可执行的数学模型，并使用算法来识别市场中的交易机会。那么相应的，其实现方法可以大致分为以下几个步骤：

第一，数据收集与清洗。获取高质量的历史和实时市场数据，包括价格、成交量、宏观经济指标等。

第二，特征工程。从原始数据中提取有意义的特征，使模型能够有效地学习和预测。

第三，模型构建。选择合适的算法（如回归、分类、时间序列分析）来建立预测模型。

第四，策略制定与优化。基于模型的输出，制定具体的交易策略，并通过回测和优化提高策略的表现。

第五，风险管理。设置止损和止盈机制，控制投资组合的风险敞口。

第六，执行与监控。通过算法实现自动化交易，并持续监控策略的表现和市场变化。我们可以询问 AI，看看 AI 对产品的概念是如何解答的？

1.2 Python 在量化交易中所起的作用

在量化交易的技术生态系统中，Python 语言展现出了非常强大的统治力。而 Python 之所以如此受到推崇，根本原因在于其卓越的生态系统和多维度适配性，几乎能够无缝覆盖量化交易的全流程技术需求。

最基本的语言特性方面，Python 的语法设计简洁明了，与 C++、Java 等语言相比，Python 的代码可读性更高，更容易上手。很多从业者在做量化交易之前并没有接受过系统的软件工程训练，所以编程语言的难易程度显然会是一个非常重要的劝退点。

具体到语言的功能实现层面，Python 拥有着极为丰富的库与开发框架，能够非常全面地支撑数据爬取、数据分析、机器学习和金融计算的功能实现，其中就包含像 Zipline 和 Backtrader 这种支持策略回测和模拟交易的开源量化交易框架。这一点也得益于其活跃的开源社区，大量的第三方库和工具可以持续为量化交易生态提供创新动能。

在数据可视化层面，Matplotlib、Plotly 等可视化库使得金融数据的图形化表达变得极其简便，交易者可以快速绘制各类金融图表，直观呈现市场趋势和策略表现。Qt、Tkinter 等 GUI 库还能开发出专业的交易界面。

而 Python 优秀的跨平台特性也使得同一套量化交易代码可以在 Windows、Linux、macOS 等不同操作系统上无缝运行，大大提高了开发的灵活性。

这种全方位的适配性让 Python 几乎可以应对量化交易中的各类技术挑战，从数据抓取、策略研究、模型训练、回测分析，到最终的交易执行，Python 都能提供高效的解决方案。

1.3 机器学习与生成式 AI 所带来的质变

要谈论本节的这个问题，我们可以从两个不同的视角出发。

1.3.1 行业视角

从行业自身来讲，人工智能的引入犹如一场深刻的范式革命，彻底重塑了量化交易的认知边界和技术形态。传统交易策略长期被固化的规则逻辑和有限的人类认知所束缚，AI 技术的出现实质上是为交易策略注入了一种前所未有的智能生命力。

传统交易策略的核心逻辑是基于预设的、相对静态的交易规则，这些规则往往源于历史经验和有限的市场观察。交易员需要手动编写复杂的条件判断逻辑来试图捕捉市场的蛛丝马迹。然而，金融市场本质上是一个极其复杂的非线性系统，其变化受到无数微观因素的交互影响，传统规则很难穷尽所有可能的市场场景。相比之下，基于 AI 的交易策略实现了从"规则驱动"到"数据驱动"的根本转变，机器学习算法能够通过海量历史数据自主学习市场的内在模式，这种学习过程是动态的、持续的，并且具有极强的自适应能力——传统策略往往是静态的，一旦市场环境发生变化就可能失效。而 AI 模型通过不断学习和迭代，能够实时调整自身参数，保持对市场环境的敏感响应，结构的鲁棒性确保了交易策略能够在不同市场阶段保持相对稳定的表现，极大地降低了策略失效的风险。

自动化则是 AI 改变交易策略的另一个重要维度。过去，量化交易中的各个环节（数据处理、特征工程、模型训练、策略评估）都需要大量人工干预，而 AI 技术使得这一流程实现了近乎完美的自动化。从数据清洗、特征选择到模型训练、参数优化，再到最终的交易执行，整个过程可以形成一个高度智能化的闭环系统。更为关键的是，AI 的引入使得交易策略从经验主义走向科学实证，机器学习算法能够同时考虑数百甚至数千个变量，发现人类分析者难以觉察的微妙关联。

1.3.2 从业者视角

而从业者视角，或者说从期望成为从业者的角度来说，生成式 AI 工具的逐步成熟使得编程不再成为阻挠人们进入这个行业的"绊脚石"。现如今的大语言模型不仅能够生成出色的文本，也能够根据用户需求生成高质量的代码——毕竟代码也是文本的一种。一个对 Python 语法不甚精通的交易分析师现在也能够通过生成式 AI 快速构建复杂的数据处理流程、开发交易策略模型，甚至进行高级的量化分析，在数个问题之内生成从数据清洗、特征工程到机器学习模型训练的完整代码流程。在这种情形下，我们可以更加专注于交易策略本身的逻辑，而不用陷入烦琐的技术细节之中。

而且许多生成式 AI 平台已经可以直接执行 Python 代码，用户可以在 AI 对话界面中直接编写和运行 Python 代码，并即时获得运行结果，不仅方便了代码调试，还为量化交易从业者提供了一个极其便捷的原型开发和快速验证环境。技术上的进步为量化交易领域带来了更多元的人才可能性，金融、统计、经济学背景的专业人士可以更轻松地将自身专业知识转化为量化交易的实践能力。

可以预见的是，量化交易领域将会出现越来越多依托生成式 AI 快速构建交易策略的创新实践，这不仅是技术的革新，更代表了金融科技发展的新范式。对于有志于量化交易的从业者而言，拥抱 AI、学会与 AI 协作，将成为未来保持竞争力的关键因素。

1.4 该如何选择 AI 工具

目前生成式 AI 工具的选择有很多，专业化程度高一点的有 Github Copilot 这种可以嵌入编程环境的 AI 工具（图 1-1）。

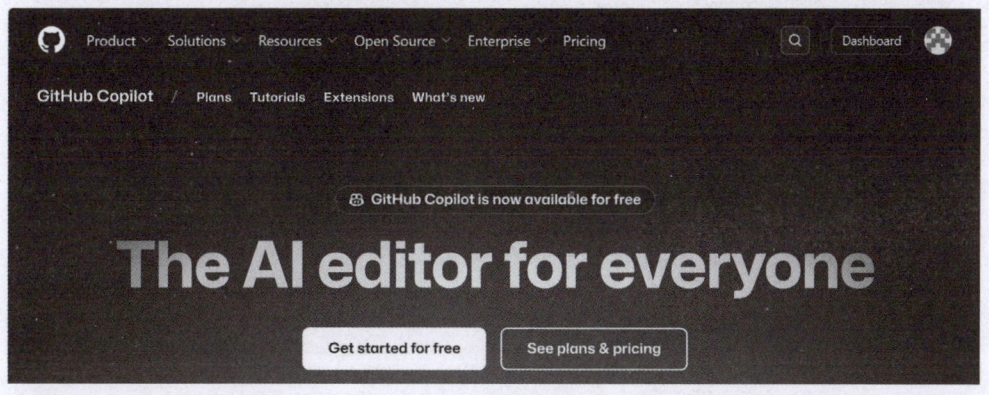

图 1-1 Github Copilot

更多的是一些泛用性的生成式 AI 平台，主要功能是生成文本。代码生成对这些平台来说是一个比较重要的"副业"，比如 ChatGPT 以及 Claude（图 1-2、图 1-3）。

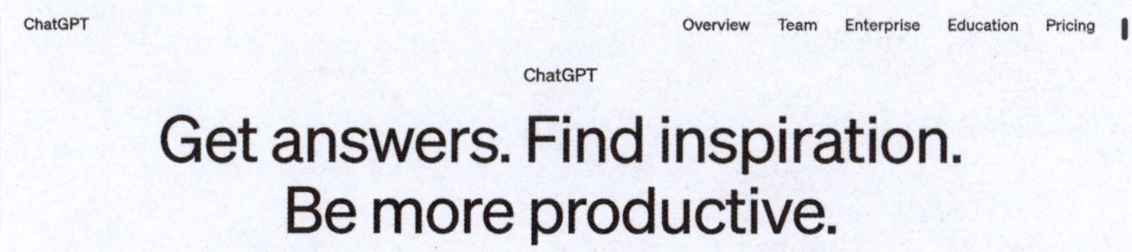

图 1-2 ChatGPT

图 1-3 Claude

考虑到工具的获取难度,本书选择了通义千问作为主要的代码生成手段。作为国产大模型,通义千问的代码编写能力丝毫不弱于国外的这些先进平台,使用其作为量化交易的编程入门工具是完全可以胜任的(图 1-4)。

图 1-4 通义千问

第 2 部分
AI 量化交易编程入门

如果说机器学习与大模型技术极大地拓展了量化交易的能力边界,那么生成式 AI 则是将量化交易的门槛降低到了普通人也能迈入的程度。

第 2 章
Python 开发环境部署

即便可以在 AI 工具的内部运行 Python 代码,本书还是建议尽量在本地部署 Python 开发环境。本地的代码运行效率更高,编程中所需库的安装与调整也是在本地更为便捷。

2.1 Python 部署

2.1.1 Python 下载

Python 的下载渠道可以分为两种。最直观的是官方下载渠道，搜索 Python 关键词，即可找到官网的入口（图 2-1）。这里需要注意甄别搜索引擎中的广告推广，Python 本体是开源的，不要下载到第三方的修改版本。

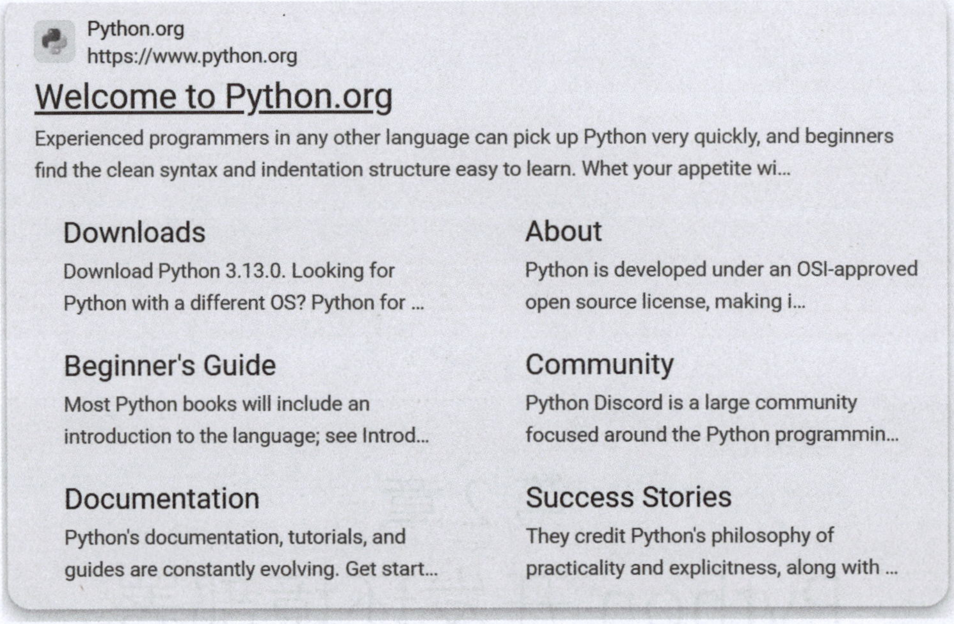

图 2-1 官网入口

进入官网，现版本的欢迎页如图 2-2。

图 2-2 欢迎页面的下载选项

将鼠标移动到"Downloads"下载选项卡，在下拉菜单中会显示出快捷下载项。本书的内容演示基于 Windows 10 平台，因此直接点击此项即可开始下载最新版本的 Python。如果有其他的版本下载需求，那就点击"View the full list of downloads."项。进入次级页面后可以找到具体的版本列表，如图 2-3。

图 2-3 Python 版本选择

Python 在版本 3.9 之后已经不再支持 Windows 7 平台，所以如果电脑为 Windows 7 系统的话，就需要下载 3.8 及之前的版本。这里以版本 3.8.10 为例，点击选项,进入平台版本选择页面。下滑页面,即可在页面底部找到下载列表(图2-4)。

Windows installer (64-bit)	Windows	Recommended	f5e5d48ba86586d4bef67bcb3790d339	26.9 MB	SIG	.sigstore	SPDX
Windows installer (32-bit)	Windows		8e96d6243623ff7acc61c9dc7cd3638f	25.6 MB	SIG	.sigstore	SPDX
Windows installer (ARM64)	Windows	Experimental	291f811b17b4943de92cffdce6f2014f	26.1 MB	SIG	.sigstore	SPDX

图 2-4 不同的平台版本

从列表中挑选符合自己系统平台的版本进行下载即可。

国内从官网下载的速度有时会极其缓慢,解决办法是寻找第三方的下载渠道。比较可靠的第三方下载渠道一般都是国内大学所建立的镜像站,下载流程与官网大同小异,这里不再赘述。

2.1.2 Python 安装注意事项

打开安装包,初始安装界面如图 2-5。

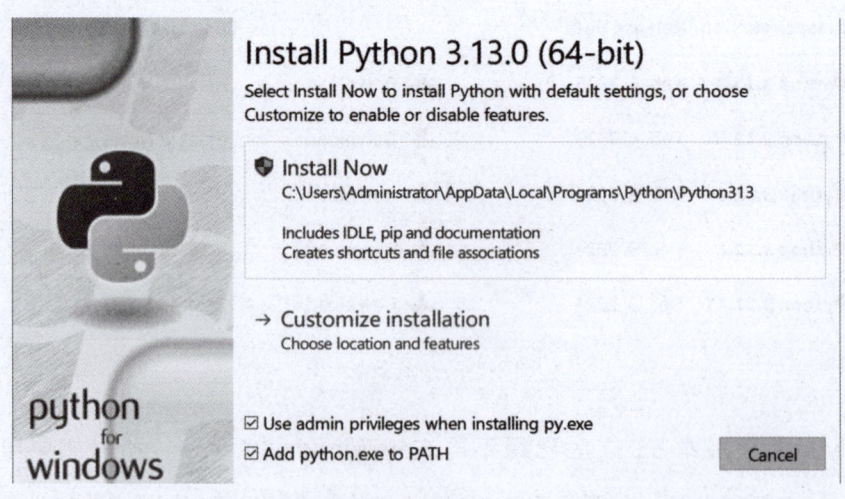

图 2-5 初始安装界面

请确保界面中"Add python.exe to PATH"一项处于勾选状态。这一项的作用是将 Python 路径添加到环境变量中，用于日后调用 Python 的相关文件，如果不勾选此项的话就需要安装完成后手动配置环境变量。

勾选之后选择"Install Now"即可开始安装，安装完成界面如图 2-6 所示。

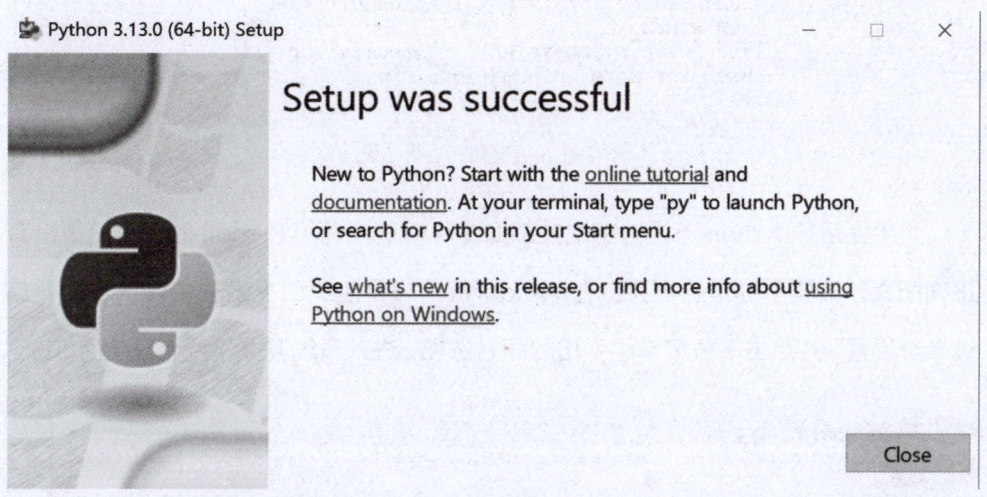

图 2-6　安装完成

2.1.3　测试配置结果

按下组合键"Win+R"打开 Windows 运行框，输入"cmd"并按下回车或点击确定，调用系统的命令提示符功能（图 2-7）。

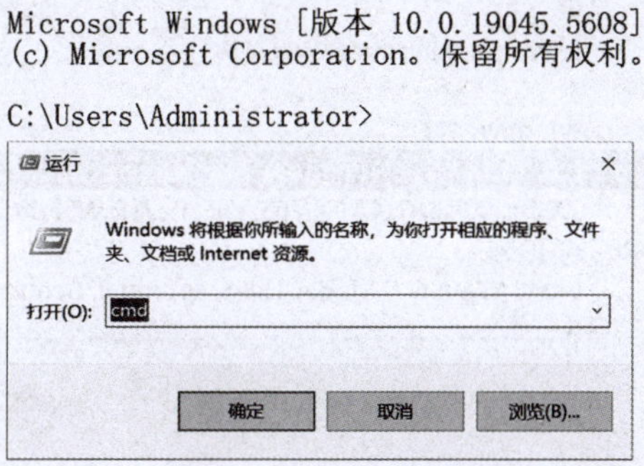

图 2-7　打开命令提示符

在命令行中输入"python"并按下回车,如果系统正确配置了 Python 会显示如下信息(图 2-8)。

```
(c) Microsoft Corporation。保留所有权利。

C:\Users\Administrator>python
Python 3.13.1 (tags/v3.13.1:0671451, Dec  3
 2024, 19:06:28) [MSC v.1942 64 bit (AMD64)
] on win32
Type "help", "copyright", "credits" or "lic
ense" for more information.
>>>
```

图 2-8 正确配置的运行结果

如果提示"python 不是内部或外部命令"的话,说明 Python 的环境变量没有正确配置,需要手动进行配置。在 Windows 的设置主页面搜索框中输入"查看高级系统设置"并点击下拉菜单中弹出的同名选项,进入系统属性设置面板(图 2-9)。

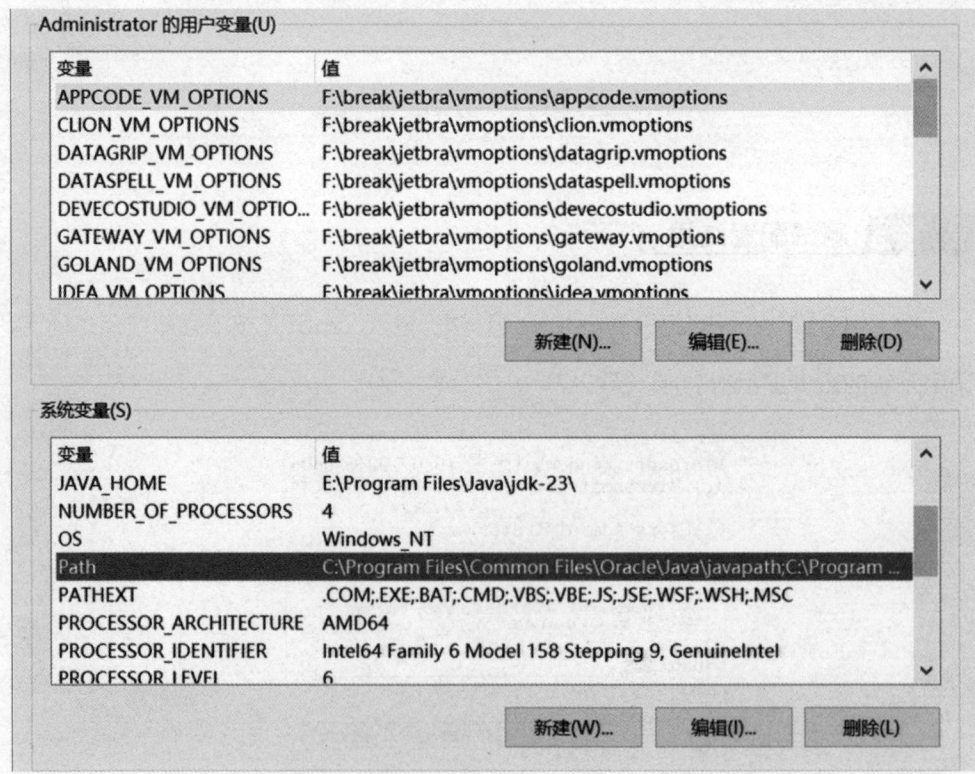

图 2-9 环境变量设置面板

点击高级选项卡底部的环境变量设置项，会弹出环境变量设置面板。面板中的两个设置区域分别是用户变量设置以及系统变量设置，它们的区别在于作用范围不同。用户变量的设置项只会对系统当前用户生效，而系统变量则是全局生效。选中系统变量中的"Path"项，然后点击编辑进入编辑面板（图 2-10）。

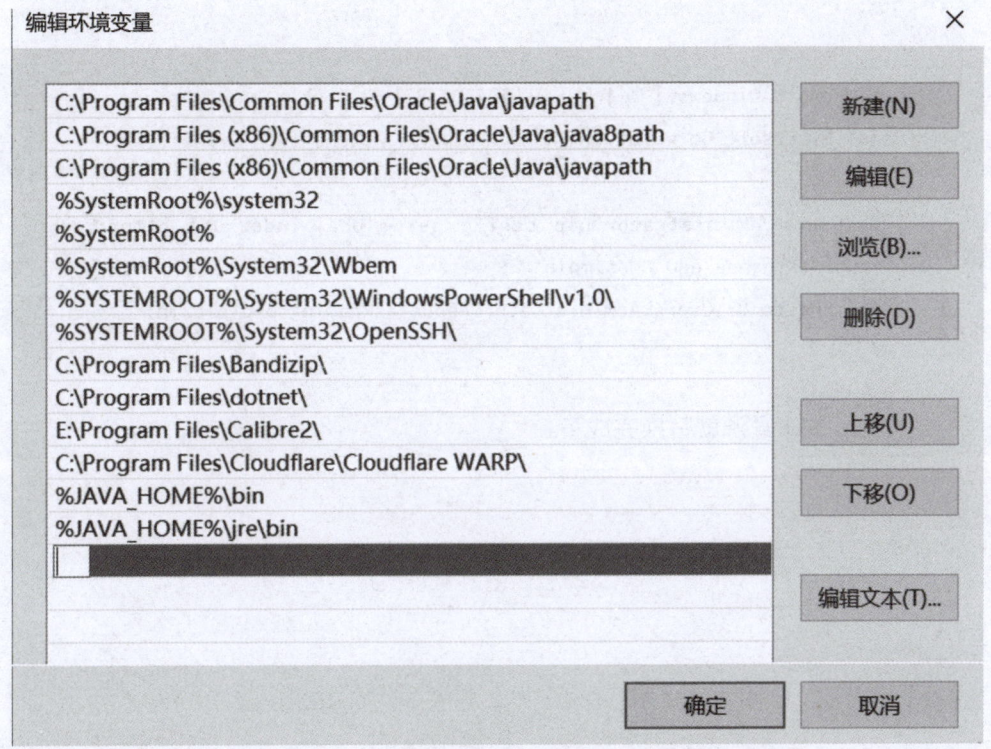

图 2-10 编辑面板

点击新建，将 Python 完整的安装路径（根目录路径）复制到此处即可完成配置。

2.1.4 pip 源配置

pip 是 Python 包的标准管理工具，作用是安装和管理来自 Python 包索引（Python Package Index，PyPI）的软件包。默认设置下 pip 的下载源为国外平台，为了保障流畅的下载速度，需要将下载源更改为国内的平台。下面以清华大学的 Python 包索引服务器为例，打开命令提示符界面，在其中输入以下内容并运行。

```
pip config set global.index-url https://pypi.tuna.tsinghua.edu.cn/simple
```

配置成功后的提示如下所示。

```
Microsoft Windows [版本 10.0.19045.4780]
(c) Microsoft Corporation。保留所有权利。

C:\Users\Administrator>pip config set global.index-url https://pypi.tuna.tsinghua.edu.cn/simple
Writing to C:\Users\Administrator\AppData\Roaming\pip\pip.ini
```

这样 pip 的下载源就替换完成了。

2.2 PyCharm 部署

为了更加便捷地完成开发任务，最好在本地部署集成开发环境。集成开发环境（IDE，Integrated Development Environment）通常会把代码编辑器、编译器或解释器、调试器以及自动化构建工具这些常见的开发工具组合在一个单一的图形用户界面（GUI）下，为程序开发者提供一整套集成工具，方便用户执行编码、调试、测试以及相关开发任务的场景功能。

在为金融数据分析和量化交易选择 IDE 时，比较推荐的是 PyCharm 或者 Jupyter Notebook 这两者。PyCharm 有着强大的代码智能提示、重构功能和调试工具，在面对复杂的量化策略开发时能够提供很大的助力。而且 PyCharm 还有着卓越的项目管理能力，支持多文件协同、版本控制集成以及详细的代码质量分析，其专业版本还内置了数据科学工具包，能很好地支持金融数据分析和机器学习模型的开发，对于构建大型模块化量化交易系统是个非常不错的选择。

相比之下，Jupyter Notebook 更适合去做数据探索和策略原型设计，其交互式运行环境允许量化分析师即时验证金融假设、快速迭代数据处理逻辑，并直观地可视化交易信号和回测结果。Notebook 的单元格执行模式使得研究人员可以逐步构建和测试量化策略，并随时观察每一步计算的中间结果。这种灵活的开发范式非常适配策略早期验证和算法研究阶段。

在项目中有些专业量化团队会混合使用这两种 IDE，比较典型的一个工作流程是先在 Jupyter Notebook 中进行策略概念验证和初步数据分析，一旦策略方案确定且相对成熟，就将核心代码迁移至 PyCharm 进行系统化开发和优化。但是对我们初始的学习来说还不需要这么麻烦，本书就以 PyCharm 为例讲解后续的内容。

2.2.1 PyCharm 下载与安装

同样是搜索 PyCharm 关键字，其官网入口如图 2-11。JetBrains 是 PyCharm 的制作公司，这是一家成立于 2000 年的捷克公司，其他比如 IntelliJ IDEA（针对 Java 开发）、WebStorm（针对 JavaScript）、PhpStorm（针对 PHP 开发）等都是他们的作品。

图 2-11 PyCharm 官网入口

进入官网后的欢迎页面如图 2-12。

图 2-12 PyCharm 欢迎页

点击左下角的"下载"进入软件下载页面。PyCharm 共分为两种版本,其中专业版所包含的内容最多,但是需要收费(图 2-13)。

图 2-13　PyCharm 专业版

社区版是免费的开源版本,功能虽然较专业版要少一些,但是用来入门还是比较不错的(图 2-14)。

图 2-14　PyCharm 社区版

根据自己的系统平台下载相应的版本即可。PyCharm 的安装比较简单,按照普通的软件安装方式进行安装即可。

2.2.2 中文环境配置

第一次打开 PyCharm 时,系统会进入新建工程页面,如图 2-15。

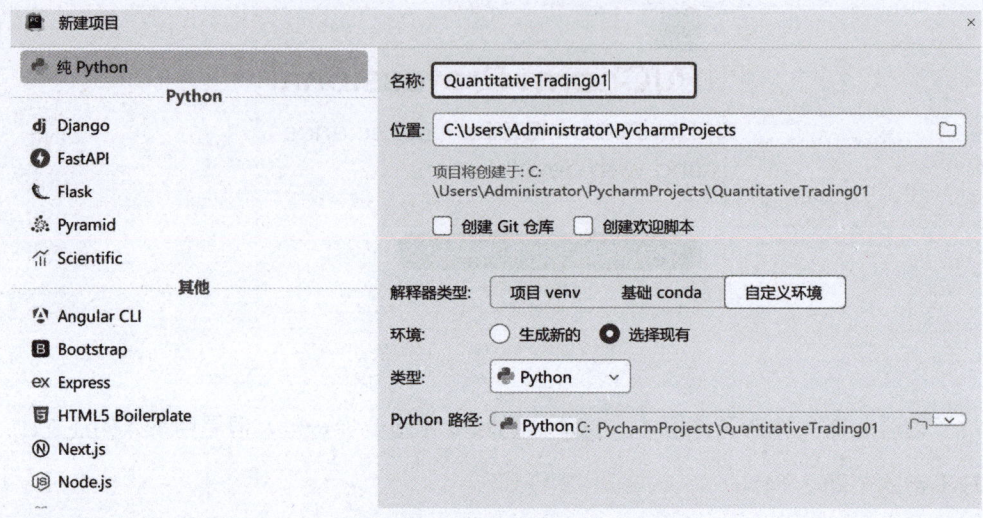

图 2-15 新建工程页

左侧罗列的都是些项目类型,在新建工程这里代表着不同的项目模板。比如纯 Python 就是创建基础的 Python 项目,其中不包含任何特定框架的结构或配置。再比如 Django 是一个高级的 Python Web 框架,该模板自动配置了 Django 库的依赖,并且会生成一个初始的项目结构,包括设置文件和基本的目录结构。目前,我们创建一个简单的纯 Python 项目即可,创建完成后的项目界面如图 2-16。

图 2-16 项目界面

本书所使用的 PyCharm 是已经配置过语言环境的状态，默认情况下软件内部的语言是英文，如果不熟悉英文开发环境的话就需要额外进行设置，方法如下。

点击左上角菜单中的"Files"项，点击其中的"Settings"（图 2-17）进入设置页面。设置页面如图 2-18，选中左侧栏目中的插件设置"Plugins"，其中包含两个标签页，"Marketplace"是插件市场，搜索插件在这里进行；"Installed"中显示的是已经安装的插件。

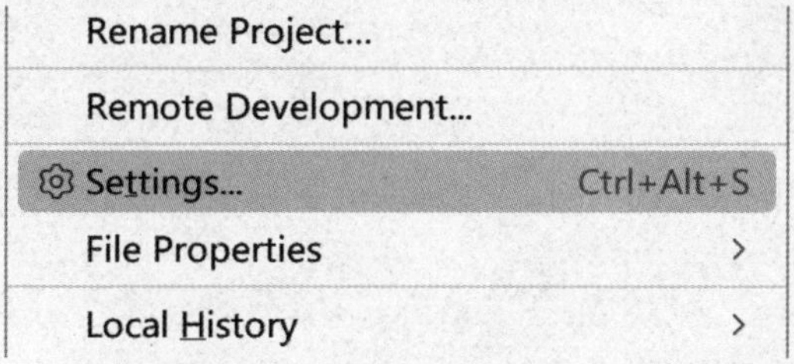

图 2-17 找到 Settings 项

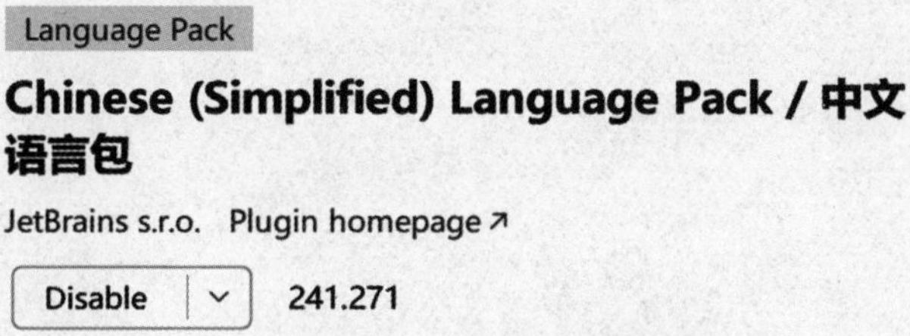

图 2-18 设置页面

在上方的搜索框中输入"Chinese（Simplified）"，在搜索结果中选中图示的中文语言包进行安装并启用，重启 PyCharm 后整个开发环境就会切换为中文了。

第 3 章
AI 编程详解

AI 编程的能力来自数据集中代码样本的训练。经过版本的迭代,AI 编写代码的效率和正确率已经有了长足的进步,但是自然语言带有的模糊性与歧义性是一种天然缺陷,目前内容生成的短板主要集中在这一部分。为了保证生成代码的质量,我们需要对自己的内容输入做一些规范性的限制。

3.1 生成式 AI

粗略地讲，生成式 AI 就是能够在聊天中生成不同内容的人工智能。时至今日，AI 所能生成内容的范围正在不断扩大，早期的内容生成主要集中在文本和图像，到现在，音乐、视频、语音对话都已经难不倒人工智能。本书的焦点在于文本生成，这也很好理解，因为代码就是文本的一部分。

文本生成的基础来自深度学习的自然语言处理模型，目前的这些文本模型都是基于 Transformer 架构，这个架构解决了对长距离依赖的处理问题，使得 AI 能够有效理解文本中距离较远的元素之间的关系。具体来说，这是通过独特的自注意力机制实现的。

Transformer 架构主要由编码器和解码器两个部分组成，其中每个部分都包含多层相同的层，每层中又包含两个主要的子层。第一个子层是多头自注意力机制，通过计算注意力得分，它可以让模型在处理一个词时同时考虑到句子中的其他词。注意力得分决定了在生成每个新词时，模型应该"注意"句子中的哪些部分。第二个子层是一个简单的、位置全连接的前馈神经网络，用于进一步处理自注意力层的输出。自注意力机制允许模型在生成每个词时动态地重点关注输入句子的不同部分，使得模型在处理具有复杂结构和语义的文本时表现出了卓越的记忆能力。

模型的训练过程使用的是"自回归"语言建模，模型在每次接收到输入序列的同时都会试图预测下一个词，通过不断调整网络参数（如权重）以最小化预测词和真实词之间的差异，优化这成千上万的模型参数还需要借助复杂的梯度下降算法。

详细的技术细节就不再过多深入了，我们以通义千问为例，先来认识一下文本生成 AI。图 3-1 所示就是通义千问的主界面，位于页面下方的文本框就是我们与 AI 交流的输入框，框体左侧的上传按钮可以将本地的文档文件或者图片文件上传至 AI 的后台服务器，AI 就可以解析这些文件。

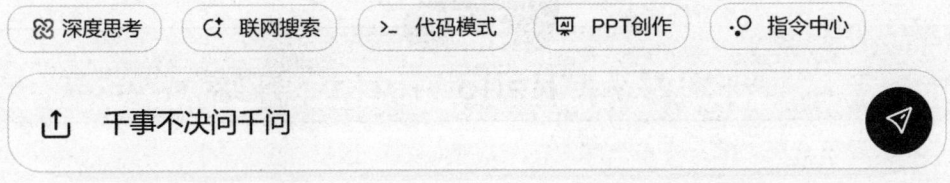

图 3-1 通义千问主界面

左侧的对话则是管理对话历史的地方。目前的大模型基本上都是以"对话"作为内容生成的基础管理单位，在同一个对话中的内容具有连续性，也就是说 AI 会在一段对话中保持一定量的记忆功能，而跳转至其他对话时，这些记忆并不会被带过去。

通义千问中的很多功能都已经做了模块化处理，这也是通用型大模型的发展趋势。其中跟编程结合比较紧密的是"代码模式"这项功能，它针对代码编写的方向做了一定的特调。正好借着这个模块，我们向 AI 问出第一个问题，让它介绍一下代码模式的优点。在文本框中输入想要提问的内容，按下回车即可发送，与 AI 的对话内容如图 3-2 所示。

通义千问 2.5

> 你的代码模式相较于通用模式有哪些改进？

我的代码模式和通用模式之间的改进主要体现在几个方面，这些改进旨在提高代码生成功能的准确性和实用性：

上下文理解：在代码模式下，我被设计为更好地理解编程相关的上下文。这包括对编程术语、概念的理解，以及对不同编程语言语法的掌握。

代码片段生成：相较于通用模式，代码模式能够更精准地生成代码片段。它可以根据用户的需求提供符合特定编程语言规范的代码示例，并且可以包含必要的注释来解释代码的工作原理。

错误检测与修正建议：当用户提供一段有误的代码时，代码模式可以尝试识别其中的错误，并给出可能的修正方案或改进建议。

请注意，虽然代码模式提供了上述改进，但它并不能替代专业程序员的经验和直觉。始终建议用户在实际项目中应用生成的代码之前进行充分的测试和验证。

>_ 代码模式

图 3-2 第一次对话

3.2 一切要从"Hello World"开始

暂时不去考虑比较复杂的生成方法，我们先从一次完整的代码生成流程开始 AI 编程之旅。点击代码模式进行激活，此时系统会弹出编程示例面板，如图 3-3 所示。

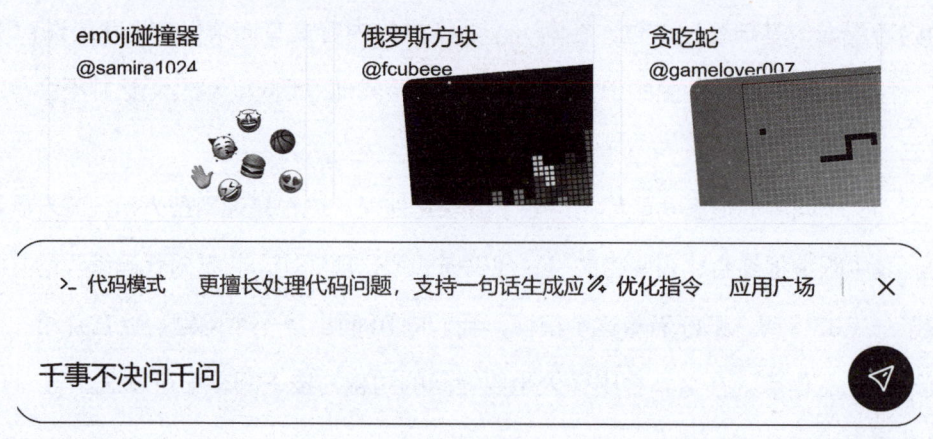

图 3-3 编程示例

面板内是一些代码生成示例，这些例子最大的作用是提供提示词编写的框架参考。这方面的内容我们留到稍后的小节中再来详细讲解，现在先把注意力放在生成代码上面，让 AI 编写一段代码，程序的最终输出为字符串"Hello World"，具体的交流过程如图 3-4 所示。

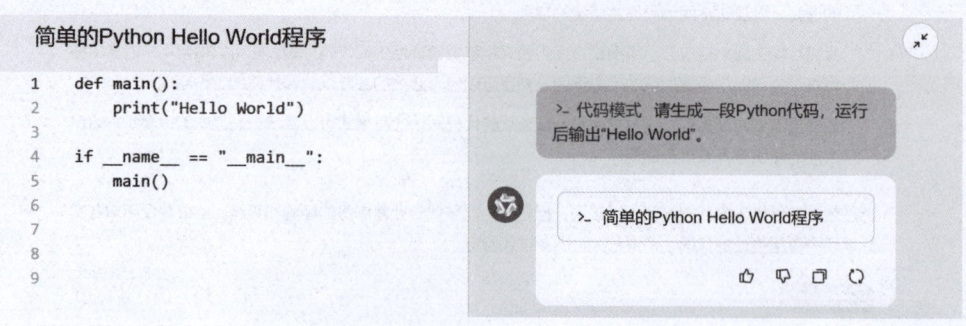

图 3-4 生成"Hello World"

在输入问题之后，整个页面分为两部分，右侧是与 AI 的对话，左侧则是 AI 生成的代码。代码的格式很有编译器的风格，不同的内容也做了相应的高亮处理，这样在代码比较复杂的时候也能保持很好的可读性。在对话内容比较多的情况下，点击 AI 的回答就能切换至相应的代码。接下来把代码复制到本地编译环境中并运行这段代码，运行结果如图 3-5。

```
       1 个用法
1      def main():
2          print("Hello World")
3
4  ▷   if __name__ == "__main__":
5          main()
```

Hello World

进程已结束，退出代码为 0

图 3-5 代码在本地的运行结果

可以看到在控制台中程序正确输出了"Hello World"。回顾一下这次的代码生成流程，可以将其总结为下面的几个步骤：

第一，将需求输入给 AI。

第二，AI 给出相应的代码方案。

第三，将代码复制到本地编译环境中。

第四，编译运行代码，得出结果。

以上就是使用 AI 编写代码最基本的流程。在之后的内容中会由于代码的复杂程度而在流程中插入一些额外的步骤，比如需求的再整理，代码的校验、更改迭代，功能实现的调整等等，但是整个代码生成的结构是不会变的。

在后续的演示中，本书会将生成内容整理为文本的形式来取代截图，这样能更加清晰地展示 AI 的生成内容。

3.3 让 AI 更精准地领会创作意图

指导 AI 编写代码的最关键的部分在于提示词。提示词工程其实是一种非常微妙的交互艺术，就如同在日常生活中与他人交流一样，与 AI 对话需要理解其认知和处理信息的机制。

从本质上说，AI 大语言模型通过上下文理解和语义相关性来解析人类的意图，所以构建提示词的核心诉求在于提供清晰、结构化且具有连贯性的指令。如果想让 AI 写一篇文章，仅仅是告诉它"写篇文章"是不够的，这样 AI 会随机写一些内容来"应付"差事。为了让 AI 创作的内容符合需求，我们需要构建一个完整的语境：目标受众是谁？文章的风格和语气应该是什么？核心要传达的信息是什么？

举个实际的例子，假如是写一篇关于人工智能伦理的文章，那么可以这样构建提示词："请以学术期刊审稿人的专业视角，撰写一篇针对计算机科学和伦理学专业读者的深度分析文章。文章需要客观中立，论证严谨，同时保持学术写作的专业性和可读性。"而具体到量化交易的编程实践中，如果想要 AI 写一个量化交易策略的 Python 脚本，那么严谨的提示词可以写成下面这样："请使用 Pandas 和 NumPy 库，基于移动平均线（MA）交叉策略，生成一个完整的股票交易回测框架。代码需要包含数据加载、策略信号生成、仓位管理和基本的性能评估模块。特别注意处理数据清洗、缺失值和极值的问题，并提供详细的注释解释每个关键步骤的技术逻辑"。

在这段提示词中我们指定了技术线、策略类型，明确了代码的功能边界和质量要求，对于 AI 来说，这种高度结构化的指令极大地提高了生成精准代码的可能性。当然，这个示例虽然在结构上没有问题，但它依然存在其他方面的缺陷，本书会在需求整理的相关内容中更加深入地讨论这个例子。下面依照这种思路，构建另一段提示词来让 AI 进行实现。

提问：

假设有三根柱子，分别为 A（源柱子）、B（辅助柱子）和 C（目标柱子），并有 n 个盘子按照大小顺序堆叠在 A 柱。请你使用 Python 代码编写递归过程解决这个汉诺塔问题，最终使所有盘子按照大小顺序堆叠在 C 柱上，每次只能移动一个盘子，且在移动过程中较大的盘子不能放在较小的盘子上面。

程序启动时提示用户输入具体的盘子数量，且每一次移动都要对步数计数，并描述此步是哪一个盘子从哪里移动到哪里。

通义千问：

```
>_ 汉诺塔问题的解决方案
def hanoi(n, source, auxiliary, target, moves=[]):
    """
    使用递归方式解决汉诺塔问题，并记录每一步的移动。
    参数：
    n (int)：盘子的数量。
    source (str)：源柱子。
    auxiliary (str)：辅助柱子。
    target (str)：目标柱子。
    moves (list)：用来记录每一步的描述，格式为字符串。
    返回：
    list: 包含每一步描述的列表。
    """
    if n == 1:
        # 当只有一个盘子时，直接将其从源柱子移动到目标柱子
        move = f"将盘子 1 从 {source} 移动到 {target}"
        moves.append(move)
    else:
        # 首先将上面的 n-1 个盘子从源柱子通过目标柱子移动到辅助柱子
        hanoi(n-1, source, target, auxiliary, moves)
        # 将最大的盘子从源柱子移动到目标柱子
        move = f"将盘子 {n} 从 {source} 移动到 {target}"
        moves.append(move)
```

```python
        # 最后将 n-1 个盘子从辅助柱子通过源柱子移动到目标柱子
        hanoi(n-1, auxiliary, source, target, moves)

    return moves

def main():
    # 从用户那里获取盘子的数量
    n = int(input("请输入盘子的数量："))
    moves = hanoi(n, 'A', 'B', 'C')
    for i, move in enumerate(moves, 1):
        # 打印每一步的移动，包括步骤编号
        print(f"步骤 {i}: {move}")

if __name__ == "__main__":
    main()
```

这里提供了一个 Python 程序，用于递归解决汉诺塔问题。程序会提示用户输入盘子的数量，并记录并打印每次移动的详细步骤及其编号。

这段代码应在本地 Python 环境中运行，以接受控制台的用户输入，因为在线平台不支持交互式输入。这个程序将指导用户完成解决汉诺塔问题所需的每一步移动。

将代码复制到 PyCharm 中编译运行，程序提示用户输入盘子数量。

请输入盘子的数量：

输入数字 5 作为演示示例，后续输出如下。

请输入盘子的数量：5
步骤 1: 将盘子 1 从 A 移动到 C

步骤2：将盘子2从A移动到B
步骤3：将盘子1从C移动到B
步骤4：将盘子3从A移动到C
步骤5：将盘子1从B移动到A
步骤6：将盘子2从B移动到C
步骤7：将盘子1从A移动到C
步骤8：将盘子4从A移动到B
步骤9：将盘子1从C移动到B
步骤10：将盘子2从C移动到A
步骤11：将盘子1从B移动到A
步骤12：将盘子3从C移动到B
步骤13：将盘子1从A移动到C
步骤14：将盘子2从A移动到B
步骤15：将盘子1从C移动到B
步骤16：将盘子5从A移动到C
步骤17：将盘子1从B移动到A
步骤18：将盘子2从B移动到C
步骤19：将盘子1从A移动到C
步骤20：将盘子3从B移动到A
步骤21：将盘子1从C移动到B
步骤22：将盘子2从C移动到A
步骤23：将盘子1从B移动到A
步骤24：将盘子4从B移动到C
步骤25：将盘子1从A移动到C
步骤26：将盘子2从A移动到B
步骤27：将盘子1从C移动到B
步骤28：将盘子3从A移动到C
步骤29：将盘子1从B移动到A
步骤30：将盘子2从B移动到C
步骤31：将盘子1从A移动到C

进程已结束，退出代码为 0

提示词更加细节的编写方法可以参考通义千问的代码生成示例，虽然它们的具体内容对正式项目帮助不大，但是这些例子中对于提示词结构的设计非常有参考价值。在不确定什么样的结构适合自身的项目时，可以直接让 AI 仿照示例提示词的结构来创作自己的输入内容，就像下面这样。

提问：

请模仿我所提供给你的提示词格式，帮助我书写汉诺塔编程问题的提示词，编程语言使用 Python：

（将通义千问的提示词示例放在此处）

通义千问：

为了帮助你撰写汉诺塔问题的编程任务提示词，我们可以模仿你提供的格式来构建这个编程挑战。使用 Python 语言实现该算法，提示词的结构将包括需求描述、输入要求、用户提示、输出设计及示例输出，以及其他相关说明。以下是详细的内容：

需求描述：

编写一个 Python 程序来解决汉诺塔问题。程序应能接收一个整数输入，表示盘子的数量，并输出每一步的移动指令，以将所有盘子从源柱移动到目标柱。

输入要求：

用户提示：程序应首先提示用户输入盘子的数量，例如："请输入盘子的数量："

输出设计：

（1）移动说明：

格式：输出每一步的移动，使用格式："将盘子从［源柱］移动到［目标柱］"。

作用：确保用户能够看到每一步的具体操作，从而理解整个过程的逻辑。

（2）步骤编号：

描述：每一步移动前应显示步骤编号，例如："步骤 1："。

目的：帮助用户跟踪操作顺序，增加输出的可读性和条理性。

（3）递归深度：

描述：可选地输出当前递归的深度，显示当前操作的复杂性级别。

目的：向用户展示递归调用的深度，有助于理解递归的工作原理和复杂度。

示例输出：

请输入盘子的数量：3。

步骤1：将盘子从 A 移动到 C；

步骤2：将盘子从 A 移动到 B；

步骤3：将盘子从 C 移动到 B；

步骤4：将盘子从 A 移动到 C；

步骤5：将盘子从 B 移动到 A；

步骤6：将盘子从 B 移动到 C；

步骤7：将盘子从 A 移动到 C；

格式和可读性：

明确标注：每步操作的细节，确保信息一目了然。

步骤编号：通过步骤编号确保用户可以轻松地跟踪操作顺序。

保持输出格式的简洁性：易于理解，专注于盘子的移动。

过程中要附上详细的代码注释：帮助理解每段代码的作用和逻辑。

以上就是为汉诺塔编程问题设计的提示词。这将指导读者通过结构化和详细的指令来编写和理解汉诺塔问题的解决方案。

这样的提示词结构显然更加优秀，能够最大限度地保障创作意图的完整传达。

3.4 如何把需求变得更加清晰

清晰与结构化的需求表达是为了让 AI 能够更精确地领会创作者的创作意图，那么在此之前，我们是否能够理解自己到底有着怎样的需求？

3.4.1 理清需求本身

AI 输出内容的错位一般来自两方面的问题。一是模型的性能不够，导致 AI 的输出内容产生偏离；二是用户输入的需求过于模糊，在这种情况下模型只能"猜测"用户的意图，输出内容的随机性极大。

第一个问题随着 AI 的迭代以及算力的提升，已经有了很大的改善，而第二个问题则始终没有太大的改善——毕竟人是无法迭代升级的。很多时候人们对自己的真实需求会缺乏足够的认知，常常停留在一个模糊的想象状态，对最终想要实现的具体效果缺乏系统性的思考。就像是一个模糊的轮廓缺乏清晰的细节和边界，这种不清晰必然会导致 AI 在理解和执行过程中产生较大的偏差。

人类的思维本身就是流动的、多变的，人的需求常常是在不断思考和调整中逐步明晰的。在这个过程中，生成式 AI 就可以成为一个非常出色的启发式工具。下面用一个实际的例子来展示 AI 对于理清需求的助力作用，比如说我是一个公司的管理者，公司现在的仓库非常混乱，想要解决这个问题却不知道从哪里入手。这种情况下就先从自己最直观的感受开始讲起，看看 AI 是否能给出什么好主意。

提问：

我是公司的管理者，现在公司内的仓库管理实在是太乱了，很多出入库的资料都记录不全，库存里有多少东西，有什么东西完全是一团乱麻。编程能够解决我的问题吗？

> **通义千问：**
>
> 编程确实能帮助解决您描述的仓库管理问题。建立一个定制的仓库管理系统（WMS）可以大幅提高您的库存精确性、提升出入库效率，以及改善物料跟踪和报告的整体质量。下面是一个基本的管理系统解决方案的概览，以及它如何帮助解决您的问题：
>
> （1）自动化库存管理：
>
> 通过编程创建一个自动化系统，可以实时跟踪库存水平，自动更新出入库记录。这减少了手工输入错误，并提供实时的库存数据。
>
> （2）商品条码扫描：
>
> 整合条码或 RFID 扫描技术，以自动识别并记录每个商品的出入库。这样可以快速准确地跟踪库存流动。
>
> （3）报告和分析功能：
>
> 管理系统可以生成定期的库存报告，帮助您分析库存动态，预测库存需求，从而做出更有效的采购决策。
>
> （4）安全和权限管理：
>
> 系统可以设置不同的访问权限，确保只有授权员工可以查看或更改库存信息，增加数据的安全性。
>
> （5）客户和供应商集成：
>
> 系统可以与客户和供应商的系统集成，实现订单自动化处理，减少处理时间，提升客户满意度。
>
> 实施步骤：
>
> 需求分析：明确您的具体需求，如库存跟踪、订单处理、报告生成等。
>
> 系统设计：设计系统架构，选择合适的软件和硬件技术。
>
> 开发和测试：开发自定义软件并进行测试，确保系统运行稳定并满足需求。
>
> 部署和培训：在公司部署系统，并对员工进行培训，使他们熟悉新系统的操作。
>
> 维护和升级：提供持续的技术支持，并根据业务发展升级系统功能。
>
> 结论：
>
> 通过定制开发仓库管理系统，您可以有效地解决当前的管理混乱问题，提升工作效率，减少错误，并通过良好的库存管理支持公司业务的持续成长。如果需要进一步的帮助，例如系统开发或咨询服务，请随时联系。

AI 根据这个问题给出了一套解决方案，这套方案只是一种可能性，在问题中给予 AI 的信息太少，它也很难判断我们的真实需求是什么。但是我们可以看出来这套方案究竟适不适合真实情况，并进一步将意见反馈给 AI。

> **提问：**
>
> 说的这套东西太庞大了，这里只是一家小公司。请帮我想一个简单一些的办法，你说的这个库存管理我很感兴趣。
>
> **通义千问：**
>
> 对于小公司来说，确实可以采用更简单、成本更低的方法来改善库存管理。让我们来考虑一种简化版的解决方案，依然可以有效提升库存的精确性和操作效率，但不需要庞大的系统或高昂的投资：
>
> （1）简易电子库存管理表格：
>
> 使用 Excel 或 Google Sheets 创建一个库存管理电子表格，通过这种方式，您可以轻松跟踪库存进出、更新库存数据，以及生成基本的库存报告。
>
> 功能包括：
>
> 库存记录：为每种商品设立一个表格，记录商品名称、库存数量、进货日期和出货日期等信息。
>
> 自动更新：设置公式来自动更新库存数量，当进货或出货时，只需输入数量，系统自动计算剩余库存。
>
> 数据可视化：利用图表功能，可以直观显示库存趋势、销售热点等信息。
>
> （2）利用开源或低成本软件：
>
> 考虑使用开源的库存管理软件，如 Odoo Community、Inventoria Stock Manager 等，这些软件虽然免费或成本较低，但提供了基本的库存管理、产品跟踪和报告功能。
>
> （3）定期库存盘点：
>
> 无论采用何种技术手段，定期进行物料库存盘点总是必要的。可以设置每月或每季度一次的库存核查，以确保电子记录的准确性。
>
> （4）简单的条码系统：
>
> 如果预算允许，可以考虑投资一个基本的条码扫描器和打印机，为库存商品创建条码标签。使用条码系统可以快速精确地进行库存管理，减少手工输入的错误。
>
> 实施步骤：
>
> 选择工具：选择合适的表格软件或开源库存管理软件。
>
> 建立库存表格：根据实际需要设计和建立库存表格或数据库。

> 培训员工：简单培训员工如何使用新工具记录和管理库存。
> 定期审查：定期检查库存管理流程的效果，根据实际情况进行调整。
> 结论：
> 　　对于小公司而言，简化的库存管理方法可以大幅提升管理效率和数据准确性，同时避免了复杂系统的高昂投入。这些简化方案不仅容易实施，而且可以随着公司业务的发展进行逐步升级和完善。

现在 AI 所给出的方案离可行性就更近了一步。接下来就可以让 AI 编写一个简单的商品库存管理系统的框架，实现一些基础的库存管理功能。

```python
class InventoryManager:
    def __init__(self):
        self.inventory = {}

    def add_item(self, item_name, quantity):
        """ 添加商品到库存中 """
        if item_name in self.inventory:
            self.inventory[item_name] += quantity
        else:
            self.inventory[item_name] = quantity
        print(f" 已添加 {quantity} 个 {item_name} 到库存。")

    def remove_item(self, item_name, quantity):
        """ 从库存中移除商品 """
        if item_name in self.inventory and self.inventory[item_name] >= quantity:
            self.inventory[item_name] -= quantity
            print(f" 已从库存中移除 {quantity} 个 {item_name}。")
            if self.inventory[item_name] == 0:
                del self.inventory[item_name]
        else:
```

```python
            print("库存不足或商品不存在。")

    def update_item(self, item_name, quantity):
        """更新库存中的商品数量"""
        if item_name in self.inventory:
            self.inventory[item_name] = quantity
            print(f"{item_name} 的库存已更新为 {quantity}。")
        else:
            print("商品不存在于库存中。")

    def show_inventory(self):
        """显示当前库存状态"""
        if self.inventory:
            print("当前库存:")
            for item, quantity in self.inventory.items():
                print(f"{item}: {quantity}")
        else:
            print("库存为空。")

def main():
    manager = InventoryManager()
    while True:
        print("\n库存管理系统")
        print("1. 添加商品")
        print("2. 移除商品")
        print("3. 更新商品数量")
        print("4. 显示库存")
        print("5. 退出")
        choice = input("请输入选项:")

        if choice == '1':
            item = input("请输入商品名称:")
            quantity = int(input("请输入数量:"))
```

```python
            manager.add_item(item, quantity)
        elif choice == '2':
            item = input("请输入商品名称: ")
            quantity = int(input("请输入数量: "))
            manager.remove_item(item, quantity)
        elif choice == '3':
            item = input("请输入商品名称: ")
            quantity = int(input("请输入新的数量: "))
            manager.update_item(item, quantity)
        elif choice == '4':
            manager.show_inventory()
        elif choice == '5':
            print("退出系统。")
            break
        else:
            print("无效选项,请重新输入。")

if __name__ == "__main__":
    main()
```

通过这个例子想要告诉读者的是,不要小看需求整理的作用,把它当作项目制作的必要步骤加入进去。多跟 AI 聊聊天,需求这件事情越聊越清晰,也更能让创作者明白自己到底想要制作怎样的程序。

3.4.2 分割需求

现在创作者已经明白了自己想要的结果,也能够跟 AI 讲明白自己想要什么,还有什么问题呢?就拿本书 3.3 节中当时被搁置起来的例子来看:

> 请使用 Pandas 和 NumPy 库，基于移动平均线（MA）交叉策略，生成一个完整的股票交易回测框架。代码需要包含数据加载、策略信号生成、仓位管理和基本的性能评估模块。特别注意处理数据清洗、缺失值和极值的问题，并提供详细的注释解释每个关键步骤的技术逻辑。

这段提示词已经非常清晰地表达出了需求，但问题在于它的需求太大，所要求的是一个完整的项目，这已经超出了现有 AI 的能力。为了实现这个目标，我们需要进一步细化需求，将其分割为数个较为独立的部分，然后逐个模块地实现产品的功能，最终再将各个模块拼接在一起。

提问：

请将下面的需求分解为数个彼此独立的模块，并给出每个模块的编写建议：
……

通义千问：

为了建设一个完整的股票交易回测框架，我们可以将需求分解为以下几个独立的模块，每个模块聚焦于特定的功能：

（1）数据加载模块：

功能：

从外部源（如 CSV 文件）加载股票价格数据。

编写建议：

使用 Pandas 的 `read_csv` 函数来加载数据。

确保数据中包含必需的字段，如日期和收盘价，并进行初步的数据类型检查。

将日期字段设置为 DataFrame 的索引，便于后续处理。

（2）数据预处理模块：

功能：

对加载的数据进行清洗，处理缺失值和异常值。

编写建议：

检查数据中的缺失值并决定处理策略，如前向填充或删除。

检测并处理异常值，如使用 Z-Score 或 IQR 方法识别和修正。

可以考虑对数据进行归一化或标准化处理，特别是在引入其他变量（如成交量）时。

(3) 策略信号生成模块：

功能：

基于移动平均线（MA）交叉策略生成交易信号。

编写建议：

计算两条不同周期的移动平均线，如10日和50日。

利用Pandas的`rolling`和`mean`函数来计算移动平均。

生成信号：当短期MA上穿长期MA时，发出买入信号；当短期MA下穿长期MA时，发出卖出信号。

输出一个新的DataFrame，包括日期、价格、移动平均线值和交易信号。

(4) 仓位管理模块：

功能：

根据交易信号管理投资组合的持仓。

编写建议：

根据买卖信号调整持仓状态，可以设定固定资金比例投入。

考虑交易成本和滑点对仓位调整的影响。

记录每次交易后的资金和持仓状态。

(5) 性能评估模块：

功能：

评估策略的回测性能。

编写建议：

计算策略的累积回报和基准回报（如大盘指数）。

计算风险调整回报指标，如夏普比率、最大回撤。

可以使用Matplotlib库绘制资金曲线和其他性能图表。

公共要求：

每个模块都应有详细的注释，说明其功能、输入输出和核心计算逻辑。

考虑使用NumPy进行辅助计算，提高数据处理效率。

通过将需求分解为这些模块，可以系统地开发和测试每个部分，确保整体框架的稳定性和效率。每个模块可以独立开发和测试，最终集成成一个完整的系统。

以其中的策略信号生成模块为例,使用前面所介绍的方法将其扩展成更加详细的提示词,输入给 AI 让其生成完整的代码。

提问:

股票交易策略信号生成模块需求说明

目的: 开发一个股票交易策略信号生成模块,专注于利用移动平均线(MA)交叉策略。

详细需求:

(1)数据加载模块:

功能:从 CSV 文件加载股票数据,主要包括日期和收盘价。

参数:数据文件路径。

输出:日期和价格的 DataFrame,日期作为索引。

(2)数据预处理模块:

功能:清洗数据,处理包括缺失值在内的数据问题。

方法:对缺失值使用前一个有效值进行填充。

输出:清洗后的 DataFrame。

(3)信号生成模块:

功能:根据移动平均线的交叉点生成交易信号。

参数:短期(例如 10 日)和长期(例如 50 日)移动平均线。

规则:

买入信号:短期 MA 穿越长期 MA 向上。

卖出信号:短期 MA 穿越长期 MA 向下。

输出:包含交易信号的 DataFrame。

(4)技术实现:

使用库:Pandas 用于数据处理和 MA 计算;NumPy 用于辅助数学运算。

注释:提供详细的代码注释,解释每一步的技术实现和逻辑。

注释和文档化要求:每个函数和关键代码块需要有详细的注释,说明其功能、输入输出,以及关键实现逻辑,确保代码的可读性和可维护性。

通过聚焦于策略信号生成,这个模块将作为股票交易策略开发的核心部分,便于在后续扩展到完整的回测系统中。

通义千问:

根据您的需求,我将编写一个 Python 代码,包含数据加载、数据预处理,以及策略信号生成三个模块。这里使用 Pandas 进行数据处理和移动平均线的计算，NumPy 用于辅助数学运算。

>_ 股票交易策略信号生成模块

```
import pandas as pd
import numpy as np
def load_data(filepath):
    """
    加载股票数据 CSV 文件。
    参数：
        filepath (str): 数据文件的路径。

    返回：
        pd.DataFrame: 包含日期和收盘价的 DataFrame，日期作为索引。
    """
    data = pd.read_csv(filepath, parse_dates=['Date'], index_col='Date')
    return data
def preprocess_data(data):
    """
    数据预处理，主要处理缺失值。

    参数：
        data (pd.DataFrame): 原始股票数据 DataFrame。

    返回：
        pd.DataFrame: 清洗后的股票数据 DataFrame。
    """
    # 使用前一个有效值填充缺失值
    data = data.fillna(method='ffill')
    return data
def generate_signals(data, short_window=10, long_window=50):
    """
    生成基于移动平均线交叉策略的交易信号。
```

参数:
    data (pd.DataFrame): 清洗后的股票数据。
    short_window (int): 短期移动平均线的窗口大小。
    long_window (int): 长期移动平均线的窗口大小。

返回:
    pd.DataFrame: 包含交易信号的DataFrame。
"""
计算短期和长期移动平均线
```
    data['Short_MA'] = data['Close'].rolling(window=short_window, min_periods=1).mean()
    data['Long_MA'] = data['Close'].rolling(window=long_window, min_periods=1).mean()

    # 生成信号
    data['Signal'] = 0
    data['Signal'][short_window:] = np.where(data['Short_MA'][short_window:] > data['Long_MA'][short_window:], 1, 0)
    data['Position'] = data['Signal'].diff()

    # 标记买入信号为1,卖出信号为-1
    data['Position'] = data['Position'].apply(lambda x: 1 if x == 1 else (-1 if x == -1 else 0))

    return data[['Close', 'Short_MA', 'Long_MA', 'Position']]

# 示例使用
if __name__ == "__main__":
    # 加载数据
    data = load_data('path_to_your_data.csv')
    # 数据预处理
    data = preprocess_data(data)
    # 生成信号
```

```
signals = generate_signals(data)
print(signals)
```

这个模块可直接用于股票交易策略的开发和测试,以及后续整合到更大的股票交易回测系统中。

简单分析一下这段代码,其中很多内容会在后续的章节中接触到。在 AI 写的这段代码中包含了三个模块。数据加载模块 load_data() 实现的功能是从 CSV 文件中加载股票数据,可以看到这个函数调用了 Pandas 的 read_csv,这是 Pandas 库中用于从文件加载数据的标准方法,参数 filepath 用来指定数据文件的路径。在加载数据时通过 pd.read_csv 函数中的参数 parse_dates=['Date'] 和 index_col='Date',日期被设置为索引,成为 DataFrame 的索引列。这个返回的 DataFrame 作为数据处理的基础,随后被传递到其他模块进行进一步的处理。

preprocess_data 实现的是数据预处理,它的处理方式是前向填充 ffill。其中的参数 data 也就是原始的 DataFrame,最后返回清洗后的 DataFrame,所有的缺失值都被之前的有效值填充。

信号生成模块 generate_signals 用来计算短期和长期的移动平均线,并根据它们的交叉点生成买入和卖出信号,它的参数包括短期和长期的窗口大小,默认为 10 日和 50 日。

过程中 Pandas 的 rolling 和 mean 方法计算移动平均,并创建一个 Signal 列,默认值为 0。当短期移动平均线超过长期移动平均线时,设置为 1。通过比较 Signal 列的当前值和前一天的值(使用 diff 方法)来生成买卖位置 Position 信号。买入信号标记为 1,卖出信号标记为 -1。最终返回一个包含收盘价、两条移动平均线和交易位置的 DataFrame。

3.5 代码的迭代

在使用 AI 编写代码的过程中，不仅仅是需求端，代码本身也是需要迭代的对象。有时 AI 所给出的代码虽然能够正确运行，但是对于项目工程来说会欠缺一些内容。接续上一节最后的例子，我们问问 AI 它所给出的代码是否有欠缺。

提问：

你刚才所给出的股票交易策略信号生成模块是否有欠缺？有什么可以改进的地方吗？

通义千问：

在提供的代码中，所有的基础功能都已实现，但在实际应用中可能还需要添加一些额外的细节来完善整个系统。以下是潜在的省略内容和需要考虑的改进点：

（1）错误处理和异常管理：

数据加载模块（load_data）：目前的实现假设文件总是存在且格式正确。在实际应用中，应添加异常处理来捕捉如文件不存在、格式错误等情况。

数据预处理模块（preprocess_data）：虽然处理了缺失值，但未处理可能的数据格式问题或极端值。

（2）性能优化和安全性：

信号生成模块（generate_signals）：直接在 DataFrame 的子集上修改值可能会触发 Pandas 的 SettingWithCopyWarning。更好的做法是使用 .loc 来确保操作的正确性。

（3）参数验证：

在所有模块中，参数验证（例如检查窗口大小是否为正整数、文件路径是否有效）是一个通常省略但在生产代码中非常重要的步骤。

（4）更复杂的数据预处理：

数据预处理：在金融数据处理中，除了缺失值，还可能需要处理重复的数据点、异常的价格波动（如因技术错误导致的价格跳跃）等问题。

（5）用户自定义和灵活性：

代码目前使用硬编码的窗口大小。在实际应用中，可能需要提供更多的灵活性，让用户能够自定义这些参数。

（6）更详尽的测试：

需要为每个功能模块提供详细的单元测试，确保在各种边缘情况下都能正常工作，这在源代码中没有提到。

（7）性能考虑：

在处理大规模数据集时，应考虑代码的性能和内存使用。例如，使用更高效的数据处理方法或对大数据集进行分块处理。

总结：

尽管提供的代码实现了基本的功能，但在生产环境中通常还需要更多的细节处理和增强，以确保代码的健壮性、安全性和灵活性。添加错误处理、参数验证、更复杂的数据预处理和性能优化是常见的改进方向。

既然有了修改意见，那就不用客气，直接把修改意见当作输入再丢回给 AI，让它根据自己的判断来改进这段代码。

提问：

请你根据下面的修改意见来改进股票交易策略信号生成模块的代码：

（将 AI 给出的修改意见粘贴在这里）

通义千问：

根据您提供的改进意见，下面是对原始股票交易策略信号生成模块代码的优化版本。这次修订包括了异常管理、性能优化、参数验证、更复杂的数据预处理以及用户自定义功能的增加。

>_ 改进后的代码实现

```
import pandas as pd
import numpy as np

def load_data(filepath):
    """
    加载股票数据 CSV 文件。
```

```
    参数:
        filepath (str): 数据文件的路径。

    返回:
        pd.DataFrame: 包含日期和收盘价的 DataFrame, 日期作为索引。

    异常:
        抛出 IOError 如果文件不存在, 抛出 ValueError 如果数据格式不正确。
    """
    try:
        data = pd.read_csv(filepath, parse_dates=['Date'], index_col='Date')
    except FileNotFoundError:
        raise IOError("文件路径不存在, 请检查路径是否正确。")
    except pd.errors.ParserError:
        raise ValueError("数据格式有误, 请检查 CSV 文件内容。")
    return data

def preprocess_data(data):
    """
    数据预处理, 主要处理缺失值和异常值。

    参数:
        data (pd.DataFrame): 原始股票数据 DataFrame。

    返回:
        pd.DataFrame: 清洗后的股票数据 DataFrame。
    """
    if not isinstance(data, pd.DataFrame):
        raise ValueError("输入必须是 pandas DataFrame。")

    # 填充缺失值
    data = data.fillna(method='ffill')
```

```python
    # 异常值处理，例如去除价格为 0 的行
    data = data[data['Close'] > 0]
    return data

def generate_signals(data, short_window=10, long_window=50):
    """
    生成基于移动平均线交叉策略的交易信号。

    参数：
        data (pd.DataFrame)：清洗后的股票数据。
        short_window (int)：短期移动平均线的窗口大小。
        long_window (int)：长期移动平均线的窗口大小。

    返回：
        pd.DataFrame：包含交易信号的DataFrame。

    异常：
        抛出 ValueError 如果窗口大小不是正整数。
    """
    if not isinstance(short_window, int) or not isinstance(long_window, int) or short_window <= 0 or long_window <= 0:
        raise ValueError("窗口大小必须是正整数。")

    data['Short_MA'] = data['Close'].rolling(window=short_window, min_periods=1).mean()
    data['Long_MA'] = data['Close'].rolling(window=long_window, min_periods=1).mean()

    data['Signal'] = 0
    data.loc[short_window:, 'Signal'] = np.where(data['Short_MA'][short_window:] > data['Long_MA'][short_window:], 1, 0)
    data['Position'] = data['Signal'].diff()
    data['Position'] = data['Position'].apply(lambda x: 1 if x == 1
```

```
                else (-1 if x == -1 else 0))

        return data[['Close', 'Short_MA', 'Long_MA', 'Position']]

    # 示例使用
    if __name__ == "__main__":
        try:
            # 加载数据
            data = load_data('path_to_your_data.csv')
            # 数据预处理
            data = preprocess_data(data)
            # 生成信号
            signals = generate_signals(data)
            print(signals)
        except Exception as e:
            print(e)
```

说明:

(1) 异常处理:

在 load_data 函数中添加了异常处理,捕获文件不存在和解析错误的情况。

在 preprocess_data 和 generate_signals 中添加了输入验证,确保参数正确性和数据的适用性。

(2) 性能和安全性:

在 generate_signals 函数中,使用 .loc 来安全地修改 DataFrame,避免 SettingWithCopyWarning。

(3) 参数验证:

在 generate_signals 中验证窗口大小是否为正整数。

(4) 用户自定义:

允许用户定义移动平均线的窗口大小,增加了代码的灵活性。

这个修订版的代码提供了更加健壮和灵活的解决方案,增强了错误处理能力,并考虑了性能和用户的需求。

目前的大模型在这一点上还是比较特殊的。一般来讲，系统很难去纠正自己的错误——既然输出的时候认为没有问题，那么后续也就不会觉得有问题。但是到这里我们发现大模型竟然给自己找了遗漏并进行了修正，所以并不用担心让 AI 自己给自己当裁判会出现找不出错的情况，简单将其理解为 AI 能采用第三者视角来审视自己的输出就足够了。

除此之外，有时也会因为程序的复杂程度过高，所以转而先让其编写最核心的功能实现，后续再在原生成结果的基础上逐步把其他功能添加进去，比如多线程或者运算分配这些额外的要求。这种情况同样是一种迭代的过程，而且也可以让 AI 来完成整体步骤的拆分与分配。

3.6 报错的处理方法

如果在运行 AI 所给出的代码时发生问题怎么办？就比如下面这个简单的例子，它的内容是并行下载多个 URL 的内容，并将其存储到文件中。

```python
import threading
import requests

def download_content(url, filename):
    try:
        response = requests.get(url, timeout=5)
        response.raise_for_status()
        with open(filename, 'w') as f:
            f.write(response.text)
    except requests.exceptions.RequestException as e:
        print(f"Failed to download {url}: {e}")
    except IOError as e:
        print(f"Failed to write to {filename}: {e}")

class DownloadThread(threading.Thread):
    def __init__(self, url, filename):
        super().__init__()
        self.url = url
        self.filename = filename

    def run(self):
        download_content(self.url, self.filename)

def main(urls, filenames):
    threads = []
```

```
        for url, filename in zip(urls, filenames):
            thread = DownloadThread(url, filename)
            threads.append(thread)
            thread.start()

        for thread in threads:
            thread.join()

urls = [
    'http://example.com/file1.txt',
    'http://thisurldoesnotexist.baddomain/file2.txt',
    'http://example.com/file3.txt'
]

filenames = [
    'output1.txt',
    'output2.txt',
    '/unauthorized/output3.txt'
]

main(urls, filenames)
```

在本地运行的时候控制台给出了以下信息。

```
Failed to download http://example.com/file3.txt: 404 Client Error: Not Found for url: http://example.com/file3.txtFailed to download http://example.com/file1.txt: 404 Client Error: Not Found for url: http://example.com/file1.txt

Failed to download http://thisurldoesnotexist.baddomain/file2.txt: HTTPConnectionPool(host='127.0.0.1', port=12979): Read timed out. (read timeout=5)
```

> 进程已结束，退出代码为 0

遇到这种情况完全不需要紧张，把代码和报错信息完整地输入 AI，它就会给出相应的解决意见。

提问：

这是代码：

……

这段代码在本地运行后出现下方的结果：

……

请问这是什么情况？需要怎么改进？

通义千问：

根据您提供的运行结果，这里有几个问题以及改进的建议：

问题分析：

（1）HTTP 404 错误：

对于 http://example.com/file1.txt 和 http://example.com/file3.txt 的请求返回了 404 状态码，表示服务器上找不到请求的资源。这通常是因为 URL 错误或指定的资源在服务器上不存在。

（2）连接超时错误：

对于 http://thisurldoesnotexist.baddomain/file2.txt 的请求，报告了连接超时。这可能是因为域名不存在，或者服务器没有响应。错误信息显示连接尝试被路由到了本地地址 127.0.0.1 和端口 12979，这是不寻常的，除非有代理或网络配置错误将请求重定向到本地。

改进建议：

（1）检查 URL 的有效性：

确保所请求的文件在服务器上确实存在。可以通过浏览器或使用 curl 工具测试 URL。

（2）检查网络配置：

确认没有本地的代理设置或网络重定向配置错误。

检查代码或环境变量中是否有设置代理，尤其是 HTTP_PROXY 或 HTTPS_PROXY。

（3）增加异常处理当前的异常处理只是简单地打印错误。您可以根据错误类型进行更细致的处理，例如重新下载或提供一个备用 URL。

对于 404 错误，您可能需要提示用户检查 URL 或自动尝试备用 URL。

对于超时错误，可以增加重试逻辑，在失败前尝试几次。

（4）改善日志记录：

您的错误消息可以更详细一些，包括是哪个线程或任务遇到了问题。这对于调试多线程应用尤其重要。

（5）增强程序的健壮性：

在实际应用中，可能需要添加更多的用户反馈机制，例如进度条、成功 / 失败的通知等。

为了提高代码的健壮性和可靠性，可以考虑增加如下改进：

>_ 示例代码调整

```python
import threading
import requests
import time

def download_content(url, filename, retry_count=3):
    attempt = 0
    while attempt < retry_count:
        try:
            response = requests.get(url, timeout=5)
            response.raise_for_status()
            with open(filename, 'w') as f:
                f.write(response.text)
            break
        except requests.exceptions.RequestException as e:
            print(f"Attempt {attempt + 1} failed for {url}: {e}")
            time.sleep(2)  # 等待2秒后重试
            attempt += 1
        except IOError as e:
            print(f"Failed to write to {filename}: {e}")
            break
```

```python
class DownloadThread(threading.Thread):
    def __init__(self, url, filename):
        super().__init__()
        self.url = url
        self.filename = filename

    def run(self):
        download_content(self.url, self.filename)

def main(urls, filenames):
    threads = []
    for url, filename in zip(urls, filenames):
        thread = DownloadThread(url, filename)
        threads.append(thread)
        thread.start()

    for thread in threads:
        thread.join()

# 确保调用 main 时使用正确和有效的 URL 和文件名
main(urls, filenames)
```

这里添加了重试逻辑，以及在发生网络异常时进行等待后再次尝试下载。这样可以提高网络请求的成功率，尤其是在网络不稳定或服务响应缓慢的情况下。

遇到报错的情况也是同样的处理方法，将报错信息复制并输入给 AI，让它去进行具体的判断。这个过程同样需要迭代，有时候修改一遍并不能解决问题，也可能会遇到本地环境布置的问题。假如确定是代码本身的问题，并且修改多遍之后还是报错，那么不如干脆新开一个话题，让 AI 重新编写代码，这才是更好的解决办法。

3.7 AI 编程实践：斐波那契数列生成器

实践部分会展示一些完整的 AI 编程流程，不同的提问部分不再去做分割，本书后续的内容中也会如此处理。

提问：

我想要使用 Python 编写一个斐波那契数列生成器，请你帮我整理思路。

通义千问：

创建一个斐波那契数列生成器的项目可以从以下几个步骤进行规划：

（1）选择实现方法：

首先，你需要决定如何实现斐波那契数列的生成。常见的方法有：

递归方法：简单直观，但效率较低，容易导致大量重复计算。

迭代方法：效率较高，通过迭代计算连续的数值。

动态规划：存储已计算的值避免重复计算，提高效率。

生成器：使用 Python 的生成器构造函数，适合生成较大的数列，因为它可以一次生成一个值而不是一次性计算所有值。

（2）定义功能需求：

根据你的应用场景，定义生成器需要满足哪些功能：

生成固定长度的数列：用户可以指定生成数列的长度。

生成不超过特定值的数列：生成的数列中的数不超过用户指定的最大值。

实时显示每个数字：在计算过程中实时打印每个斐波那契数，以便跟踪进度。

（3）编写代码：

基于选择的实现方法和功能需求，开始编写代码。

（4）测试和验证：

编写单元测试以验证你的斐波那契数列生成器是否正确工作：

测试边界条件（如生成序列的最小长度）。

测试功能需求是否满足（如数列长度和最大值限制）。

（5）性能优化：

如果生成器在生成大规模数据时性能不佳，考虑优化算法或使用更高效的数据结构。

(6) 文档和维护：

编写文档说明如何使用你的斐波那契数列生成器，如果有必要，继续维护代码以适应新的需求或改进。

通过这些步骤，你可以系统地开发出一个功能完备且可靠的斐波那契数列生成器。

提问：

请你帮我总结一下功能需求，以及程序具体的呈现方式。

通义千问：

为确保斐波那契数列生成器满足您的需求并具有良好的用户体验，我们可以细化功能需求和程序的具体呈现方式如下：

(1) 功能需求

①生成指定长度的数列。

用户可以输入一个整数，指定生成斐波那契数列的长度。例如，用户输入 10 则程序应生成数列的前 10 个数字。

②生成不超过特定值的数列。

用户可以设置一个上限值，生成器将生成斐波那契数列中所有不超过此值的数字。例如，如果设置上限为 100，程序将停止生成数字，直到数列中的值超过 100。

③选择输出模式。

提供选择输出模式的功能，比如用户可以选择是否实时打印每个生成的斐波那契数字，或者是最后一次性打印所有生成的数字。

④用户友好的交互界面。

提供一个简单的命令行界面，允许用户通过命令行参数或交互式提示输入上述设置。

(2) 程序呈现方式

①命令行界面。

程序通过命令行启动，用户可以通过命令行参数提供输入，例如长度和最大值限制。

程序可以提供帮助命令（如 --help），显示如何使用各种参数。

②交互式提示。

在程序启动时，如果没有通过命令行参数提供足够信息，程序可以通过交互式提示让用户输入必要的信息。例如，询问用户需要的斐波那契数列的长度或最大值。

③输出选项。

程序可以提供一个选项让用户选择输出方式：

实时打印：每生成一个数字就立即输出。

一次性输出：生成完所有数字后一次性输出。

④错误处理和用户反馈。

程序应具备基本的错误处理能力，例如，当输入的不是一个有效的整数时，提供明确的错误消息。

对用户的每次输入都有响应，确认输入已被接受或提供错误修正的指导。

提问：

编写一个 Python 程序来生成斐波那契数列。程序应能接收一个整数输入，表示生成数列的长度，并提供选择输出模式的功能，以实时打印或一次性打印所有生成的数字。

（1）输入要求

用户提示：程序应首先提示用户输入生成斐波那契数列的长度，例如："请输入斐波那契数列的长度："

输出模式选择：程序应提供选择输出模式的功能，例如："请选择输出模式(1—实时打印，2—一次性打印)："

（2）输出设计

①数字输出。

格式：根据用户选择的输出模式，实时打印每个数字或一次性打印所有数字。

作用：确保用户能够根据需要看到生成的斐波那契数列。

②错误处理。

描述：如果输入非有效整数，程序应提醒用户并允许重新输入。

目的：确保程序稳定运行，用户输入得到正确处理。

③示例输出。

请输入斐波那契数列的长度：5

请选择输出模式（1——实时打印，2——一次性打印）：1

斐波那契数列：

1

1

2

3

5

或

请输入斐波那契数列的长度：5

请选择输出模式（1——实时打印，2——一次性打印）：2

斐波那契数列：

1, 1, 2, 3, 5

明确标注：每步生成的数字明确显示，确保信息一目了然。

保持输出格式的简洁性：易于理解，专注于斐波那契数列的生成。

过程中要附上详细的代码注释：帮助理解每段代码的作用和逻辑。

通义千问：

以下是一个Python程序，该程序按照您的需求生成斐波那契数列，并根据用户的选择实时打印或一次性打印所有生成的数字。

```
>_ 斐波那契数列生成器
def generate_fibonacci(n):
    """生成斐波那契数列的前n个数字"""
    a, b = 0, 1
    sequence = []
    for _ in range(n):
        sequence.append(a)
        a, b = b, a + b
    return sequence


def main():
```

```python
    while True:
        try:
            n = int(input("请输入斐波那契数列的长度: "))
            if n <= 0:
                print("请输入一个大于0的整数。")
                continue
            break
        except ValueError:
            print("无效输入,请输入一个整数。")

    while True:
        print_mode = input("请选择输出模式(1 - 实时打印, 2 - 一次性打印): ")
        if print_mode not in ['1', '2']:
            print("无效的输出模式,请选择1或2。")
            continue
        break

    fib_sequence = generate_fibonacci(n)

    if print_mode == '1':
        print("斐波那契数列: ")
        for number in fib_sequence:
            print(number)
    elif print_mode == '2':
        print("斐波那契数列: ")
        print(', '.join(map(str, fib_sequence)))

if __name__ == "__main__":
    main()
```

代码在本地的运行结果如下。
请输入斐波那契数列的长度: 5

```
请选择输出模式（1 - 实时打印, 2 - 一次性打印）: 1
斐波那契数列:
0
1
1
2
3

进程已结束，退出代码为 0
```

3.8 AI 编程实践：排序算法效率比较

提问：

我想要对比冒泡排序、选择排序和插入排序这三种排序算法的效率，请问我该如何设计这个 Python 程序？

通义千问：

要比较冒泡排序、选择排序和插入排序这三种排序算法的效率，你可以设计一个 Python 程序，通过以下几个步骤来实现：

（1）实现排序算法。

为冒泡排序、选择排序和插入排序各写一个函数。

（2）准备数据和测量时间。

使用 time 模块来记录算法执行所需的时间。可以创建一个随机数组列表，并对每种排序算法使用相同的数据。

>_ 随机数组列表

```
import random
import time

# 生成随机数据
data = [random.randint(0, 1000) for _ in range(1000)]

# 测试冒泡排序
start_time = time.time()
bubble_sort(data.copy())
print("冒泡排序用时: ", time.time() - start_time)

# 测试选择排序
start_time = time.time()
selection_sort(data.copy())
print("选择排序用时: ", time.time() - start_time)
```

```
# 测试插入排序
start_time = time.time()
insertion_sort(data.copy())
print("插入排序用时: ", time.time() - start_time)
```

(3) 比较和分析。

记录每种算法的执行时间并进行比较,以确定哪种算法在相同的数据集上效率最高。

通过这种方式,你可以直观地看到不同排序算法处理相同数据集时的性能差异。这有助于理解各算法的效率以及它们在不同情况下的适用性。

提问:

请将数组更改为在程序开始运行时由用户输入数字来决定数组大小,同时给出数组设置的建议,并约束数组大小。参考下面提示词的格式帮我总结需求提示词:

……

通义千问:

编写一个 Python 程序来比较冒泡排序、选择排序和插入排序的效率。程序应允许用户输入数组的大小,并按照指定大小生成随机数组,然后对数组应用这三种排序算法,最后输出每种算法的执行时间。

(1) 输入要求。

用户提示:程序应首先提示用户输入数组的大小,例如:"请输入数组的大小(10~1000):",以确定要排序的数据量。

数组大小约束:程序应限制数组大小在 10 到 1000,以确保数据既足够多以比较算法效率,又不至于过大导致执行时间过长。

(2) 排序执行。

数据生成:根据用户输入的大小生成一个随机整数数组。

排序过程:对同一数据集分别应用冒泡排序、选择排序和插入排序,记录每种算法的执行时间。

效率比较:输出每种排序算法的执行时间,以比较它们的效率。

(3) 输出设计。

执行时间输出:

格式:为每种排序算法打印执行时间,例如:"冒泡排序用时:0.5秒"。

作用：让用户直观地看到每种算法在处理相同数据集时的时间消耗。

错误处理：

描述：如果用户输入的不是有效的整数或不在指定范围内，程序应提示错误并允许重新输入。

目的：确保用户输入有效，程序能够顺利运行并产生可比较的结果。

示例输出：

请输入数组的大小（10～1000）：500

冒泡排序用时：0.89 秒

选择排序用时：0.47 秒

插入排序用时：0.42 秒

细节补充：建议用户在选择数组大小时考虑机器性能，以避免过长的等待时间。同时，程序应提供足够的代码注释，帮助用户理解每段代码的作用和逻辑，以及它们如何影响排序性能的比较。

提问：

请按照下面提示词的要求为我生成代码：

……

通义千问：

下面是一个按照你的要求编写的 Python 程序，用于比较冒泡排序、选择排序和插入排序的效率。程序包括用户输入验证、数据生成、排序执行和执行时间输出。

>_ 排序效率对比

```
import time
import random

def bubble_sort(arr):
    n = len(arr)
    for i in range(n):
        for j in range(0, n-i-1):
            if arr[j] > arr[j+1]:
                arr[j], arr[j+1] = arr[j+1], arr[j]

def selection_sort(arr):
```

```python
        n = len(arr)
        for i in range(n):
            min_idx = i
            for j in range(i+1, n):
                if arr[j] < arr[min_idx]:
                    min_idx = j
            arr[i], arr[min_idx] = arr[min_idx], arr[i]

    def insertion_sort(arr):
        for i in range(1, len(arr)):
            key = arr[i]
            j = i - 1
            while j >=0 and key < arr[j]:
                arr[j + 1] = arr[j]
                j -= 1
            arr[j + 1] = key

    def main():
        while True:
            try:
                size = int(input("请输入数组的大小（10-1000）："))
                if 10 <= size <= 1000:
                    break
                else:
                    print("输入的数字超出了范围，请输入10到1000之间的数字。")
            except ValueError:
                print("请输入一个有效的整数。")

        data = [random.randint(0, 10000) for _ in range(size)]

        # 冒泡排序
        bubble_data = data.copy()
```

```python
    start_time = time.time()
    bubble_sort(bubble_data)
    bubble_duration = time.time() - start_time
    print(f"冒泡排序用时: {bubble_duration:.2f} 秒")

    # 选择排序
    selection_data = data.copy()
    start_time = time.time()
    selection_sort(selection_data)
    selection_duration = time.time() - start_time
    print(f"选择排序用时: {selection_duration:.2f} 秒")

    # 插入排序
    insertion_data = data.copy()
    start_time = time.time()
    insertion_sort(insertion_data)
    insertion_duration = time.time() - start_time
    print(f"插入排序用时: {insertion_duration:.2f} 秒")

if __name__ == "__main__":
    main()
```

程序说明：

输入验证：程序会首先要求用户输入数组的大小，并检查是否在 10 到 1000 之间。如果输入无效，会提示用户重新输入。

数据生成：程序会生成一个大小等于用户输入的随机整数数组。

排序和时间测量：对于每种排序方法，程序都会复制原始数据，然后测量并记录排序所需的时间。

输出：最后，程序会输出每种排序方法的执行时间，允许用户比较不同算法的效率。

这个程序旨在提供一个简洁而有效的方法来比较不同排序算法的性能，帮助用户了解每种方法在实际使用中的表现。

代码的本地运行结果如下。

```
请输入数组的大小（10～1000）：2000
输入的数字超出了范围，请输入 10 到 1000 之间的数字。
请输入数组的大小（10～1000）：900
冒泡排序用时：0.04 秒
选择排序用时：0.02 秒
插入排序用时：0.02 秒


进程已结束，退出代码为 0
```

第4章
数据可视化编程

　　数据图表可以将复杂的市场数据转化为可理解、可分析的视觉表达，快速直观地揭示市场的结构性特征，它们在量化交易中的用处不言而喻。

　　Python 庞大的生态中提供了诸如 Matplotlib 和 Seaborn 这样的可视化库，再结合 AI 编写的代码可以非常方便地生成各种数据图表。

4.1 Matplotlib 库简介

Matplotlib 是 Python 中一个极为强大的基础绘图库，它的设计哲学是围绕着画布（Figure）和轴（Axes）的概念来构建的。简单来说，每一个 Figure 可以看作是一个绘图窗口，是整个图形的外框，而 Axes 则是这个窗口中的具体图表。一个 Figure 中可以包含多个 Axes，每个 Axes 都是一个独立的图表，其中包含着数据的图形表示（如线图、条形图等）、坐标轴标签、标题以及其他图表注解。

Matplotlib 提供了两种主要的绘图接口。一种是基于状态的绘图接口（类似于 MATLAB），通过 pyplot 模块调用，所以也可以叫作 pyplot 接口。通过使用 plt.plot 或 plt.scatter 这些函数可以快速创建图表，这种方式简单直观，但在处理多图表或复杂布局时会显得有些力不从心。

另一种则是面向对象的接口，通过直接实例化图表和轴对象，然后调用这些对象的方法来绘制图形。这种方法的代码更长，但它提供了更高的控制精度，所以在处理复杂的图表时表现得更强大、更灵活。

在样式方面，Matplotlib 允许用户通过样式表来预定义图表的外观，实现方法类似于 CSS，还可以调整图表中的线条样式、图形颜色、标记样式等。在 Matplotlib 中为图表添加文本注解、箭头或其他标记非常简单，同时还有 tight_layout 和 constrained_layout 这些方法来自动调整子图参数，避免内容重叠等问题。

至于绘图能力，可以说从基本的线图到高级的三维图形，Matplotlib 几乎可以绘制任何统计图表。就拿量化交易比较常用的图来说，能够通过 Matplotlib 来绘制的包括但不限于 K 线图、折线图、条形图、散点图、热力图、直方图、饼图等等。

在 PyCharm 中安装 Matplotlib 库也非常方便，而且不止一种方法，本书只展示如何在终端中进行安装这一种。在软件左侧的列表中找到终端并展开，然后在命令行中输入以下内容。

```
pip install matplotlib
```

按下回车后就会开始库的下载与安装，具体过程如图 4-1。

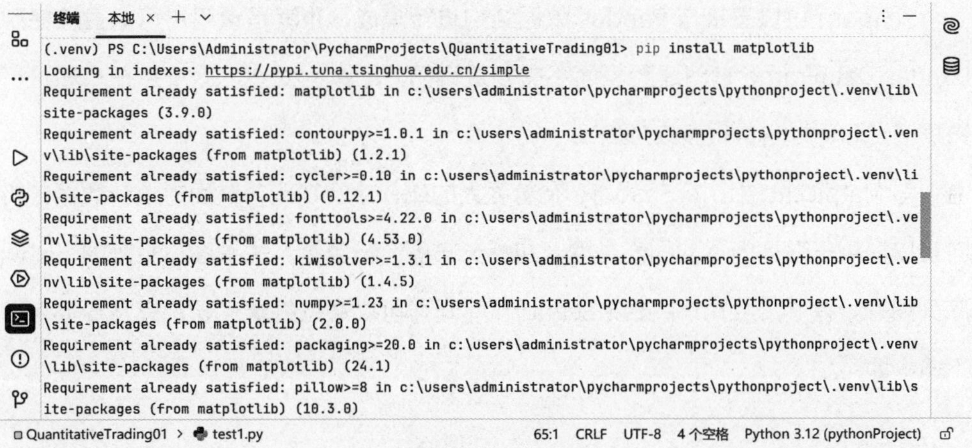

图 4-1 在终端中安装 Matplotlib 库

4.2 Seaborn 库简介

Seaborn 是基于 Matplotlib 的一个高级可视化库，它在 Matplotlib 的基础上进行了高度封装，在美观度以及复杂图表的创建上很有优势。

Seaborn 可以直接与 Pandas 数据结构进行集成，也就是说用户可以直接使用 Pandas DataFrame 来创建图表而不需要进行额外的数据处理，这一点在初期进行数据清洗时可以省去很多麻烦。

与 Matplotlib 相比，Seaborn 有着强大的统计绘图功能，在面对统计数据分析时可以提供一系列内置的图表类型，包括分布图、分类图、关系图、矩阵图、时间序列图等。在 PyCharm 中安装 Seaborn 库同样可以通过终端实现，只需要键入以下命令即可。

```
pip install seaborn
```

安装过程如图 4-2 所示。

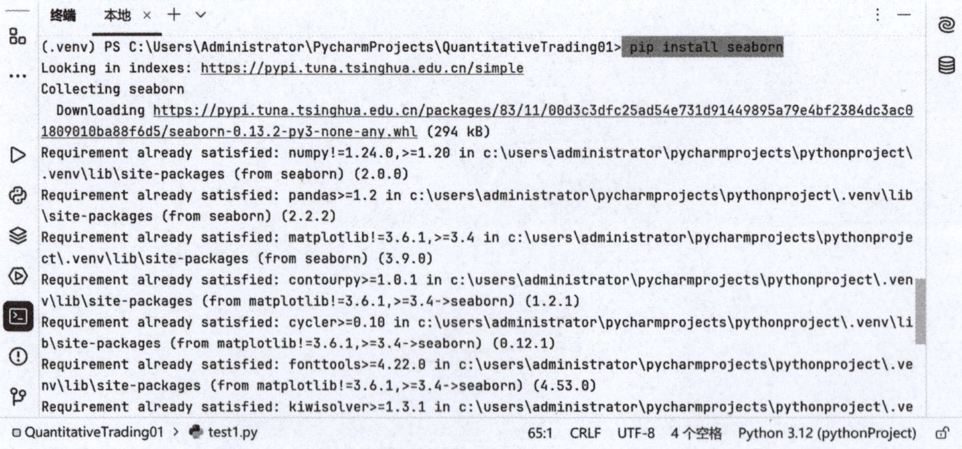

图 4-2 在终端中安装 Seaborn 库

4.3 可视化实战：绘制 K 线图

K 线图也被称为蜡烛图或者日本蜡烛图，经常用于股票、外汇和期货市场。图中包含了开盘价、收盘价、最高价和最低价这四个关键数据点，能够非常有效地展示市场趋势和价格波动情况。其中每根 K 线代表了一定时间范围内的价格变动，这个时间范围可以是分钟、小时、日、周甚至月，分别由实体和影线组成。

实体指的是开盘价和收盘价之间的区域，如果收盘价高于开盘价，此时 K 线就叫作阳线，如果收盘价低于开盘价，那么就叫作阴线。国内市场一般以红色表示阳线，绿色表示阴线，也就是红升绿跌；而欧美市场则正好相反，即绿升红跌。实体的长度（即开盘价与收盘价之间的差距）表示买卖双方力量的大小，长实体表示强烈的买入或卖出活动，而短实体则显示市场上买卖双方较为均衡。

影线则是在实体的上下方伸出的细线，它们表示在选定时间内的最高价和最低价。上影线显示了最高价，而下影线显示了最低价。影线的长度显示价格在交易期间的波动范围，长影线表明价格有过大幅波动，而短影线则表明价格波动较小。

那么接下来使用一些真实的股票数据作为实例来生成 K 线图，具体的需求提示词整理过程不再赘述，采用之前本书所讲解的方法即可。下面是生成实例。

> **提问：**
> （1）目标：
> 开发一个 Python 脚本，通过使用 Yahoo Finance 提供的指定股票的历史交易数据，生成 K 线图。
> （2）数据需求：
> 数据源：使用 yfinance 库从 Yahoo Finance 获取指定股票的历史交易数据。
> 选择的股票：为简化演示，选择一个具有代表性的股票，例如 Apple Inc.（AAPL）。

时间范围：选择一个具体的时间范围，例如某一年的数据。

数据内容：数据包括开盘价（Open）、收盘价（Close）、最高价（High）、最低价（Low）和成交量（Volume）。

数据频率：使用日频数据。

（3）数据处理：

数据清洗：自动删除任何包含缺失值的行，以保证数据的完整性和准确性。

异常值处理：检查数据是否有异常值，如存在异常值则删除相应行。

（4）可视化需求：

K 线图实现：使用 mplfinance 库绘制 K 线图，专门用于金融时间序列数据的绘图。

图表样式：

显示中文信息，包括标题、坐标轴标签及图例。

解决 Matplotlib 中文显示问题，通过设置字体为 'SimHei'。

确保坐标轴能正确显示负数。

功能增强：

图表中应包括成交量信息。

提供移动平均线等技术指标作为图表选项。

（5）代码要求：

代码中需要有中文支持：

```
import matplotlib.pyplot as plt
import mplfinance as mpf
import matplotlib as mpl


mpl.rcParams['font.family'] = 'SimHei'
plt.rcParams['axes.unicode_minus'] = False
```

模块化设计：代码应该模块化，易于维护和扩展。主要模块包括数据获取、数据处理和绘图。

错误处理：代码应具备错误处理能力，如网络请求失败、数据缺失等情况应有相应的提示和处理策略。

> **通义千问：**
>
> 当然，我会在下面提供一个完整的 Python 脚本，该脚本包括从 Yahoo Finance 获取数据，清洗数据，并使用 mplfinance 绘制 K 线图的所有步骤。此脚

本还确保所有必要的数据类型转换，并且处理了可能的数据清洗问题。

>_ 处理数据并绘制K线图

```python
import yfinance as yf
import pandas as pd
import matplotlib.pyplot as plt
import mplfinance as mpf
import matplotlib as mpl

# 设置中文字体和负号显示
# 请确保您的系统中安装了 'SimHei' 字体
mpl.rcParams['font.family'] = 'SimHei'
mpl.rcParams['axes.unicode_minus'] = False

def get_stock_data(ticker, start_date, end_date):
    """
    获取股票历史数据
    """
    try:
        # 删除 group_by 参数
        data = yf.download(ticker, start=start_date, end=end_date)
        if data.empty:
            print("获取的数据为空，请检查股票代码和日期范围。")
            return None
        return data
    except Exception as e:
        print(f"获取数据时发生错误：{e}")
        return None

def clean_data(data):
    """
    数据清洗，删除缺失值和异常值，并确保数据类型正确
    """
    # 打印数据列名，便于调试
```

```python
        print("数据列名: ", data.columns)

        # 删除包含缺失值的行
        data = data.dropna()

        # 删除异常值(价格和成交量为负的情况)
        data = data[(data['Open'] > 0) &
                    (data['High'] > 0) &
                    (data['Low'] > 0) &
                    (data['Close'] > 0) &
                    (data['Volume'] >= 0)]

        # 确保数据类型为浮点型或整数型
        numeric_cols = ['Open', 'High', 'Low', 'Close', 'Adj Close', 'Volume']
        existing_numeric_cols = [col for col in numeric_cols if col in data.columns]
        for col in existing_numeric_cols:
            data[col] = pd.to_numeric(data[col], errors='coerce')

        # 再次删除可能的 NaN 值
        data = data.dropna(subset=existing_numeric_cols)

        # 确保索引是日期类型
        data.index = pd.to_datetime(data.index)
        return data

    def plot_candlestick(data, ticker):
        """
        绘制 K 线图
        """
        # 只保留绘图所需的列
        data = data[['Open', 'High', 'Low', 'Close', 'Volume']]
```

```python
    # 设置绘图风格,确保中文字体和负号显示
    mc = mpf.make_marketcolors(up='r', down='g', edge='inherit', wick='inherit', volume='inherit')
    s = mpf.make_mpf_style(marketcolors=mc, rc={'font.family': 'SimHei', 'axes.unicode_minus': False})

    # 添加移动平均线
    ma_days = (5, 10, 20)
    # 设置图表参数
    kwargs = dict(
        type='candle',
        mav=ma_days,
        volume=True,
        title=f"{ticker} 股票 K 线图 ",
        ylabel=' 价格 ',
        ylabel_lower=' 成交量 ',
        style=s
    )
    try:
        # 绘制 K 线图
        mpf.plot(data, **kwargs, show_nontrading=False)
    except Exception as e:
        print(f" 绘制图表时发生错误: {e}")

if __name__ == "__main__":
    # 设置股票代码和日期范围
    ticker = 'AAPL'
    start_date = '2022-01-01'
    end_date = '2022-12-31'

    # 数据获取
    data = get_stock_data(ticker, start_date, end_date)
```

```
if data is None:
    exit()

# 数据处理
data = clean_data(data)
if data.empty:
    print("清洗后数据为空,无法绘制图表。")
    exit()

# 绘图
plot_candlestick(data, ticker)
```

这段代码经过了数次迭代,其间主要是数据列以及数据格式的问题,在与 AI "沟通交流"数次之后,最终成功运行。所生成的 K 线图如图 4-3 所示。

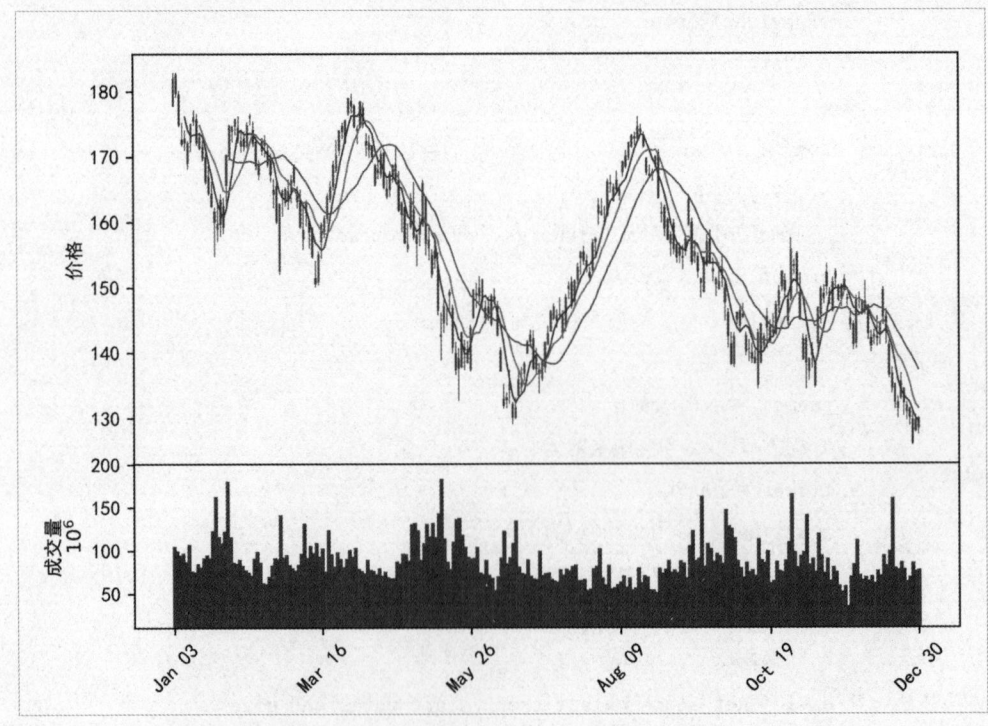

图 4-3 AAPL 股票 K 线图

在这段 AI 生成的代码中，主要负责绘制的代码是 plot_candlestick 函数，其中 data = data[['Open', 'High', 'Low', 'Close', 'Volume']] 的作用是筛选数据，只保留绘制图形所需要的列。make_marketcolors 和 make_mpf_style 这两个函数定义了 K 线图的颜色和风格，其中上涨的颜色为红色，下跌的颜色为绿色。mav=(5, 10, 20) 这句定义了三条移动平均线，分别基于 5 日、10 日和 20 日的数据。接下来 kwargs 字典包含了用于绘制 K 线图的所有参数，包括图表类型、移动平均线、是否显示交易量、图表的标题以及 Y 轴标签。

4.4 可视化实战：绘制折线图

折线图比较基础，也比较简单，在金融分析和量化交易中常用来显示时间序列数据的变化趋势。比如说折线图可以显示策略在历史数据上的表现，这是量化交易中所谓的"回测"过程的一部分。通过折线图，开发者可以直观地看到策略在不同市场条件下的表现以及潜在的风险点。

折线图也同样适合用来展示各种技术指标，比如移动平均线（MA）、相对强弱指标（RSI）、MACD等。这些技术指标可以用于生成买卖信号，并通过折线图形式展示，使交易者能够更好地执行交易决策。

> **提问：**
>
> 请根据下面的要求生成Python代码。
>
> （1）目标：
>
> 开发一个Python脚本，通过使用Yahoo Finance提供的特定股票历史交易数据，生成包含移动平均线的折线图。
>
> （2）数据需求：
>
> 数据源：使用yfinance库从Yahoo Finance获取指定股票的历史交易数据。
>
> 选择的股票：为简化演示，选择一个具有代表性的股票，例如Apple Inc.（AAPL）。
>
> 时间范围：2020年1月至2021年1月。
>
> 数据频率：使用日频数据。
>
> （3）可视化需求：
>
> 图表类型：使用matplotlib.pyplot库绘制折线图。
>
> 图表样式：
>
> 显示中文信息，包括标题、坐标轴标签及图例。
>
> 解决Matplotlib中文显示问题，通过设置字体为'SimHei'。
>
> 确保坐标轴能正确显示负数。

功能增强：

图表中应包括移动平均线信息。

（4）代码要求：

代码中需要有中文支持：

```
import matplotlib.pyplot as plt
import mplfinance as mpf
import matplotlib as mpl

mpl.rcParams['font.family'] = 'SimHei'
plt.rcParams['axes.unicode_minus'] = False
```

通义千问：

>_ 绘制折线图

```
import matplotlib.pyplot as plt
import pandas as pd
import yfinance as yf
import matplotlib as mpl

mpl.rcParams['font.family'] = 'SimHei'
plt.rcParams['axes.unicode_minus'] = False

# 获取数据
data = yf.download('AAPL', start='2020-01-01', end='2021-01-01')
data['SMA_50'] = data['Close'].rolling(window=50).mean()
# 计算50日移动平均线

# 绘制价格和移动平均线
plt.figure(figsize=(10, 5))
plt.plot(data['Close'], label='苹果公司收盘价', linewidth=1)
plt.plot(data['SMA_50'], label='50日移动平均线', linewidth=1.5)

# 添加中文标题和标签
plt.title('苹果公司股价与50日均线')
```

```
plt.xlabel(' 日期 ')
plt.ylabel(' 价格 ')
plt.legend()
plt.grid(True)
plt.show()
```

代码的运行结果如图 4-4 所示。

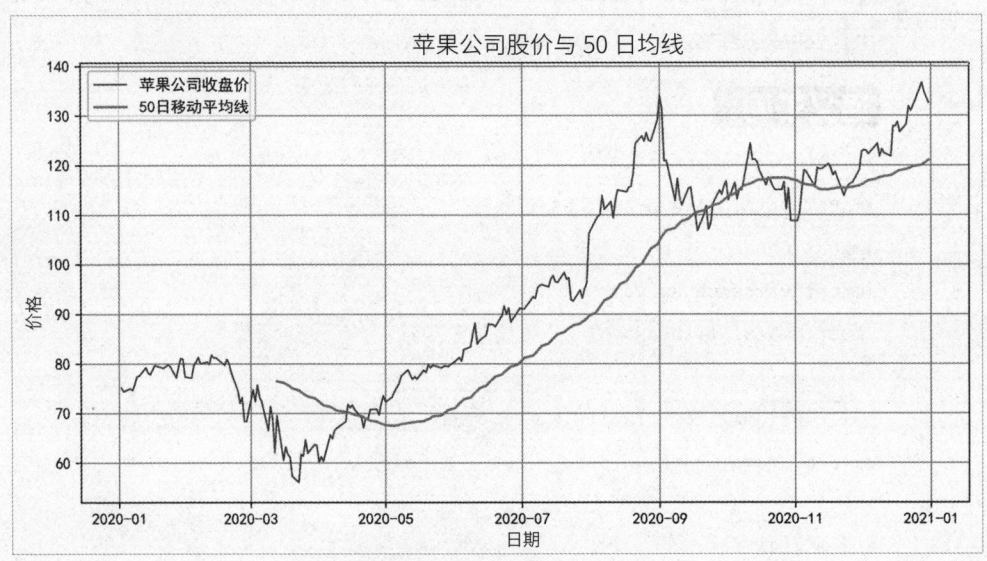

图 4-4 包含移动平均线的股票价格折线图

折线图的绘制代码比较简单，plt.figure(figsize=(10, 5)) 设置图形的大小为宽 10 英寸、高 5 英寸，plt.plot() 函数用来绘制线图，第一次调用绘制收盘价，第二次调用绘制 50 日移动平均线。label 参数为每条线提供了图例说明，而 linewidth 参数则设置了线条的宽度。

最后的这部分代码添加了一些图标元素。

```
plt.title('苹果公司股价与50日均线')
plt.xlabel('日期')
plt.ylabel('价格')
plt.legend()
plt.grid(True)
```

plt.title()，plt.xlabel()，plt.ylabel() 设置的是图表的标题、x 轴标签和 y 轴标签，plt.legend() 显示图例，plt.grid(True) 添加了网格线。

4.5 可视化实战：绘制条形图

条形图通过条状图形的长度来展示数值，可以直观地表示不同交易策略或资产的性能指标，比如年度回报率、夏普比率、最大回撤等。

提问：

请根据下面的要求生成 Python 代码。

（1）目标：

开发一个 Python 脚本，用于生成条形图，展示量化交易策略的关键性能指标，便于比较和分析不同策略或资产的表现。

（2）数据需求：

数据源：使用虚拟数据即可。

选择的数据：选择交易策略或资产的性能指标，例如年度收益率、夏普比率等。

时间范围：根据需要分析的时间段选择数据，例如最近一年、最近五年等。

数据频率：根据指标的性质选择适当的数据频率，通常是年度或月度。

（3）可视化需求：

图表类型：使用 matplotlib.pyplot 库绘制条形图。

图表样式：

显示中文信息，包括标题、坐标轴标签及图例。

解决 Matplotlib 中文显示问题，通过设置字体为 'SimHei'。

确保坐标轴能正确显示负数。

功能增强：

在条形图上显示每个条目的具体数值，增加信息的可读性和实用性。

（4）代码要求：

代码中需要有中文支持：

```
import matplotlib.pyplot as plt
import mplfinance as mpf
import matplotlib as mpl

mpl.rcParams['font.family'] = 'SimHei'
```

```
plt.rcParams['axes.unicode_minus'] = False
```

通义千问：

下面是一个完整的 Python 脚本，包括从模拟生成数据到计算性能指标并绘制条形图的所有步骤。此脚本还确保所有图表信息（如标题、坐标轴标签及图例）均以中文显示，适合用于展示量化交易策略的关键性能指标：

>_ 绘制条形图

```python
import matplotlib.pyplot as plt
import pandas as pd
import numpy as np
import matplotlib as mpl

# 设置中文字体和解决负号显示问题
mpl.rcParams['font.family'] = 'SimHei'
plt.rcParams['axes.unicode_minus'] = False

# 生成模拟数据
def generate_simulated_data(num_strategies=10):
    """
    生成模拟的交易策略性能数据。
    """
    np.random.seed(42)
    # 生成10个策略的年度回报率和夏普比率
    annual_returns = np.random.normal(10, 5, num_strategies)  # 假设回报率均值为10%，标准差为5%
    sharpe_ratios = np.random.normal(1, 0.5, num_strategies)  # 假设夏普比率均值为1，标准差为0.5
    data = pd.DataFrame({
        '策略': [f'策略 {i + 1}' for i in range(num_strategies)],
        '年度回报率': annual_returns,
        '夏普比率': sharpe_ratios
    })
    return data
```

```python
# 绘制条形图
def plot_performance(data):
    """
    绘制条形图显示性能指标。
    """
    plt.figure(figsize=(14, 7))
    # 绘制年度回报率
    bars = plt.bar(data['策略'], data['年度回报率'], color='blue', label='年度回报率')

    # 在条形上添加数值标签
    for bar in bars:
        yval = bar.get_height()
        plt.text(bar.get_x() + bar.get_width() / 2, yval, f'{yval:.1f}%',
                 ha='center', va='bottom', fontsize=9, color='black')

    # 添加图表元素
    plt.title('量化交易策略性能指标')
    plt.xlabel('策略')
    plt.ylabel('年度回报率 (%)')
    plt.xticks(rotation=45)  # 旋转x轴标签以更好展示
    plt.legend()
    plt.grid(True, linestyle='--', alpha=0.6)
    plt.tight_layout()
    plt.show()

if __name__ == "__main__":
    # 生成并使用模拟数据
    data = generate_simulated_data()
    # 绘制条形图
```

```
plot_performance(data)
```

本地运行，生成的条形图效果如图 4-5 所示。

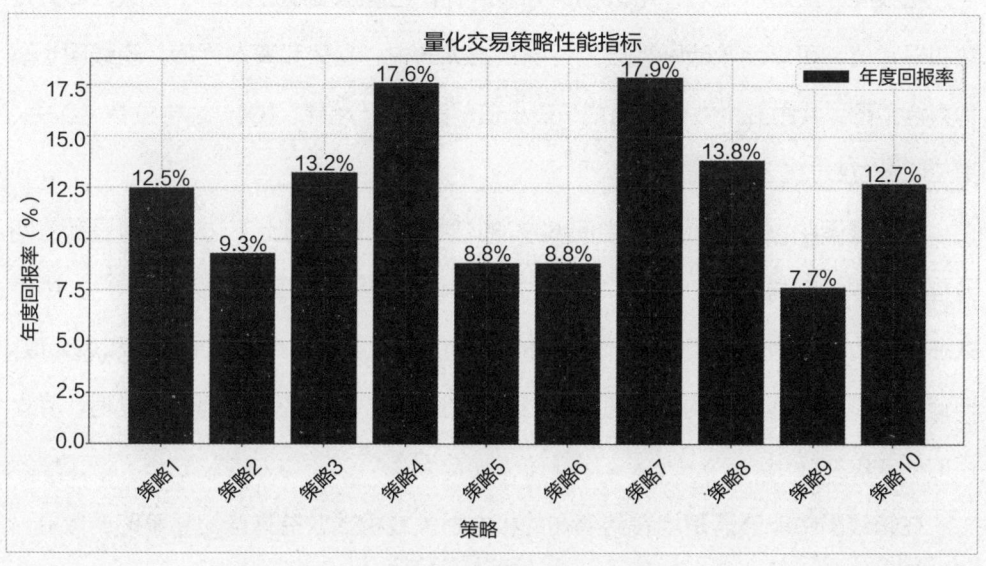

图 4-5 交易策略性能指标条形图

plt.figure(figsize=(14, 7)) 设置了图表的尺寸，plt.bar() 函数则是绘制条形图的核心代码，它将数据列"策略"作为 x 轴，"年度回报率"作为 y 轴的高度，color='blue' 和 label=' 年度回报率 ' 分别设置条形的颜色和图例。

for 循环通过 bars 对象在每个条形的顶部使用 plt.text() 添加数值标签，显示每个策略的具体年度回报率百分比。

4.6 可视化实战：绘制箱线图

箱线图一般用于显示一组数据的分散情况，它能够提供数据的中位数、四分位数和异常值，可以比较清晰地展示不同数据集的中心趋势和离散程度。箱线图也被称为盒须图，共由五个数值点组成：最小值、第一四分位数（Q1）、中位数（Q2）、第三四分位数（Q3）和最大值。

在箱线图中，箱体代表了中间 50% 的数据点，箱体的上下边界分别是第三四分位数和第一四分位数，这两个四分位数之间的距离称为四分位距（IQR），中位数在箱体内标示为一条横线。箱体之外的线条（触须）延伸到数据的最小值和最大值，但通常限制在箱体大小的 1.5 倍 IQR 之内；超出这个范围的点被视为异常值，并以点的形式单独标出。

在箱线图中能够清楚地看到潜在的极端损失或极端收益这些交易策略的收益分布情况，通过比较不同策略的箱线图，交易者可以评估哪些策略在相同市场条件下表现出更高的风险或更大的收益波动性。

提问：

请根据下面的要求生成 Python 代码。

（1）目标：

开发一个 Python 脚本用于绘制箱线图，生成不同策略的月回报率，假设有五种不同的交易策略，每种策略每月产生随机回报，基于正态分布，均值和标准差不同，以模拟不同风险和回报特性的策略。

（2）数据需求：

数据源：使用虚拟数据即可。

将生成的数据放入 Pandas DataFrame 中，每一列代表一只股票的回报率数据，行表示时间序列。

(3)可视化需求:

图表类型:使用 seaborn.boxplot() 函数来创建箱线图。

图表样式:

显示中文信息,包括标题、坐标轴标签及图例。

标注特定的统计数字,如异常值的具体回报率,或四分位数等关键数字。

解决中文显示问题,通过设置字体为 'SimHei'。

确保坐标轴能正确显示负数。

(4)代码要求:

代码中需要有中文支持:

mpl.rcParams['font.family'] = 'SimHei'

plt.rcParams['axes.unicode_minus'] = False

通义千问:

根据您的要求,以下是一个 Python 脚本,用于生成五种不同交易策略的月回报率的箱线图。该脚本使用虚拟数据,这些数据基于正态分布生成,每种策略具有不同的均值和标准差,模拟不同的风险和回报特性。

>_ 绘制箱线图

```python
import matplotlib.pyplot as plt
import seaborn as sns
import pandas as pd
import numpy as np
import matplotlib as mpl

# 设置中文字体和解决负号显示问题
mpl.rcParams['font.family'] = 'SimHei'
plt.rcParams['axes.unicode_minus'] = False

# 生成模拟数据
def generate_simulated_data():
    """
    生成五种交易策略的模拟月回报率数据。
    """
    np.random.seed(42)
```

```python
    months = 12  # 假设生成一年的数据
    strategies = {
        '策略A': {'mean': 0.05, 'std': 0.10},
        '策略B': {'mean': 0.03, 'std': 0.15},
        '策略C': {'mean': 0.07, 'std': 0.20},
        '策略D': {'mean': 0.01, 'std': 0.05},
        '策略E': {'mean': -0.02, 'std': 0.07}
    }

    data = {name: np.random.normal(config['mean'], config['std'], months) for name, config in strategies.items()}
    return pd.DataFrame(data)

# 绘制箱线图
def plot_boxplot(data):
    """
    使用seaborn绘制箱线图展示不同策略的月回报率。
    """
    plt.figure(figsize=(12, 6))
    sns.boxplot(data=data)
    plt.title('不同交易策略的月回报率')
    plt.xlabel('交易策略')
    plt.ylabel('月回报率')
    plt.grid(True, linestyle='--', alpha=0.6)
    plt.show()

if __name__ == "__main__":
    # 生成模拟数据
    simulated_data = generate_simulated_data()

    # 绘制箱线图
    plot_boxplot(simulated_data)
```

绘制结果如图 4-6 所示。

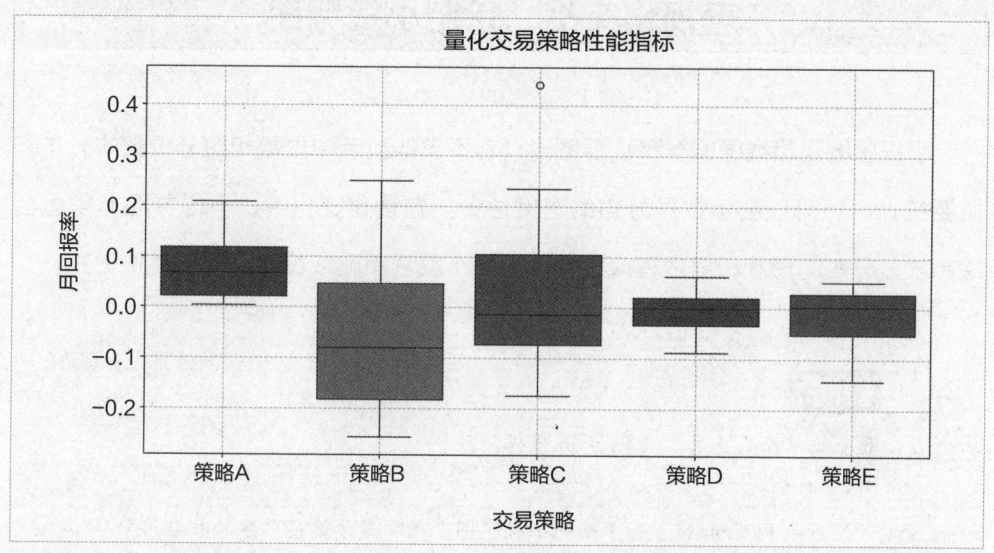

图 4-6 不同交易策略的月回报率

在示例代码中，负责绘制箱线图的部分集中在函数 plot_boxplot 中。其中 plt.figure(figsize=(12, 6)) 设置了图形的尺寸，figsize=(12, 6) 定义了图形的宽度和高度为 12 英寸和 6 英寸。

sns.boxplot(data=data) 这句是绘制箱线图的核心命令，sns.boxplot 是 Seaborn 库中一个专门用于绘制箱线图的函数，这里的 data=data 参数传递了一个 Pandas DataFrame，其中每一列代表一种交易策略的月回报率数据，Seaborn 会根据这些数据自动计算出四分位数、中位数、异常值等，并将这些统计信息以图形的形式展示出来。

接下来 plt.title(' 不同交易策略的月回报率 ')、plt.xlabel(' 交易策略 ') 和 plt.ylabel(' 月回报率 ') 分别设置了图形的标题、x 轴以及 y 轴的标签，最后的 plt.grid(True, linestyle='--', alpha=0.6) 是为图像增加网格线，linestyle='--' 和 alpha=0.6 分别设置了网格线的样式为虚线和透明度为 0.6，这部分的代码与前面几个图形的绘制功能相同。

4.7 可视化实战：绘制小提琴图

小提琴图是箱线图的一种扩展图形，它不仅能显示中位数和四分位数的分布和概要统计，还可以展示数据分布的密度估计。在量化交易中，小提琴图非常适合绘制收益分布的形状和离散程度这种涉及多个交易策略或投资组合的性能分布。

> **提问：**
>
> 请根据下面的要求生成 Python 代码。
>
> （1）目标：
>
> 开发一个 Python 脚本用于绘制小提琴图，展示若干选定股票的收盘价分布情况。这将包括从在线数据源获取数据，生成股票的日收盘价数据，并通过小提琴图可视化其分布，以揭示股票在一定时期内的价格波动性和分布形态。
>
> （2）数据需求：
>
> 数据源：使用 yfinance 库从 Yahoo Finance 获取若干股票的历史收盘价数据。
>
> 数据结构：将获取的数据存储在 Pandas DataFrame 中，每列代表一只股票的收盘价数据，行表示时间序列。
>
> 数据处理：包括数据的清洗（如去除空值）和必要的转换（如将收盘价调整为对数形式以标准化不同股票之间的价格比较）。
>
> （3）可视化需求：
>
> 图表类型：使用 seaborn.violinplot() 函数来创建小提琴图，展示每只股票收盘价的分布。
>
> 图表样式：
>
> 显示中文信息，包括图表的标题、坐标轴标签及图例。
>
> 标注特定的统计数字，如中位数、四分位数以及可能的异常值。
>
> 解决中文显示问题，通过设置字体为 'SimHei'。
>
> 确保坐标轴能正确显示负数。
>
> 图表功能：为每只股票提供一个小提琴图，其中可能包含内部的箱线图或核密度估计，以更详细地显示价格分布。

(4) 代码要求：

中文支持：确保图表中可以正常显示中文，避免乱码问题，特别是在图表标题和轴标签中。

```python
import matplotlib.pyplot as plt
import seaborn as sns
import pandas as pd
import yfinance as yf
import matplotlib as mpl

mpl.rcParams['font.family'] = 'SimHei'
plt.rcParams['axes.unicode_minus'] = False
```

获取数据：从 Yahoo Finance 下载数据，选择股票如 AAPL，GOOGL 等，确定时间范围，从 2017 年至 2022 年。

绘制图表：使用 Seaborn 的小提琴图函数绘制收盘价分布，并调整图表参数以适应数据特性和展示需求。

通义千问：

根据您提供的详细设计说明，下面是一个完整的 Python 脚本，用于从 Yahoo Finance 获取若干股票的收盘价数据，并使用 Seaborn 绘制小提琴图来展示这些股票收盘价的分布情况。

>_

```python
import matplotlib.pyplot as plt
import seaborn as sns
import pandas as pd
import yfinance as yf
import numpy as np
import matplotlib as mpl
# 设置中文字体和负号显示问题
mpl.rcParams['font.family'] = 'SimHei'
plt.rcParams['axes.unicode_minus'] = False
def fetch_data(tickers, start_date, end_date):
    """
    从 Yahoo Finance 获取股票数据。
    """
```

```python
        data = yf.download(tickers, start=start_date, end=end_date)
        return data['Close']
def preprocess_data(data):
    """
    预处理数据:去除空值,标准化处理。
    """
    # 检查并去除完全为空的列
    data.dropna(axis=1, how='all', inplace=True)
    # 对数转换收盘价以减少极端值影响
    return np.log(data)
def plot_violin(data):
    """
    绘制小提琴图。
    """
    plt.figure(figsize=(12, 8))
    sns.violinplot(data=data)
    plt.title('股票收盘价分布展示')
    plt.xlabel('股票')
    plt.ylabel('对数收盘价')
    plt.grid(True)
    plt.show()
if __name__ == "__main__":
    # 选择股票和时间范围
    tickers = ['AAPL', 'GOOGL', 'MSFT', 'AMZN', 'META']
    start_date = '2017-01-01'
    end_date = '2022-01-01'

    # 获取数据
    data = fetch_data(tickers, start_date, end_date)
    if data is not None:
        # 数据预处理
        processed_data = preprocess_data(data)
        # 绘制小提琴图
```

```
        if not processed_data.empty:
            plot_violin(processed_data)
    else:
            print("处理后的数据为空,无法绘制图表。")
else:
        print("获取数据失败,请检查股票代码和网络连接。")
```

把代码在本地运行后,生成的小提琴图如图 4-7 所示。

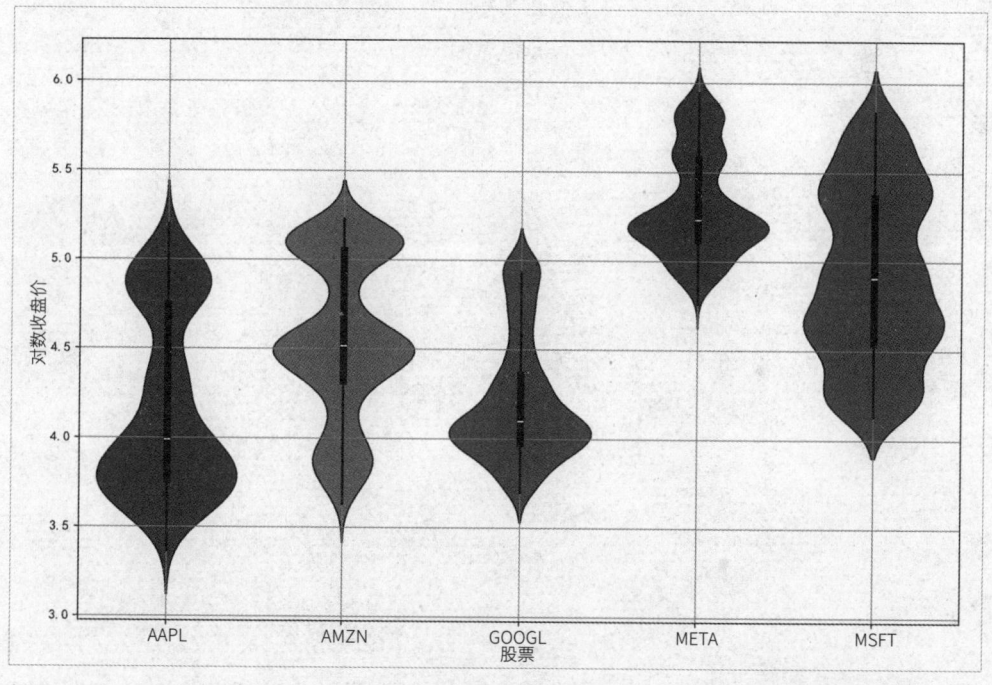

图 4-7 股票收盘价小提琴图

所生成的代码中,比较核心的绘图代码是 sns.violinplot(data=data),这是 Seaborn 库中专门用来绘制小提琴图的函数。它接受一个 DataFrame 作为参数,每一列的数据会被绘制成一个小提琴图来反映该列数据的分布情况。小提琴图结合了箱线图和核密度估计,中间的黑色条表示四分位数,而外围的宽度变化反映了数据的密度和分布范围。

第 3 部分
数据采集

在金融市场这个复杂的生态系统中,数据就是"望远镜"和"显微镜"。我们需要从股票、期货、期权的价格数据,到宏观经济指标,再到上市公司的财务报表、市场情绪指数,甚至是社媒上的舆论风向来把握数据——所有这些都是构建精准交易模型的珍贵材料。

但是想要把这些收集而来的数据真正投入使用,修修剪剪的预处理过程是必不可少的。原始数据充满了噪声、缺失值和异常值,预处理就是用专业的工具和算法清理掉数据中的杂草,把缺失的数据删除或者填平、平滑异常波动、标准化不同维度的数据,确保后续的机器学习模型能够真正"看懂"这些数据。

第 5 章
数据抓取操作实例

量化交易的研究重点之一就是如何从丰富且多样的数据源中获取同类型的数据,以便构建更全面的交易模型。Python 强大的库生态可以很好地支撑这一需求。

5.1 使用 Urllib 抓取数据

5.1.1 Urllib 简介

Urllib 是一个处理 URL 相关任务的 Python 内置库。由于其为 Python 标准库的一部分，使用 Urllib 时不需要安装额外的包，这就让 Urllib 使用起来比较方便，能够胜任一些简单的数据采集任务。使用 Urllib 抓取网页的基本方法为：创建一个请求对象，并通过这个请求对象发送 HTTP 请求，然后读取和处理响应。其代码框架如下。

```python
import urllib.request

# 指定网页 URL
url = 'http://example.com/'

# 发送请求，获取响应
response = urllib.request.urlopen(url)

# 读取响应内容
html = response.read()

# 打印网页内容的前 500 个字符
print(html[:500])
```

下面来讲讲 Urllib 的主要模块。

（1）urllib.request：

这个模块用于发送网络请求，打开和读取 URLs，实现从网络资源中获取数据。在发送请求方面，urllib.request 可以发送基本的 GET 请求，也能通过构建更复杂的请求对象来发送 POST 请求等其他类型的 HTTP 请求。使用 urllib.request.urlopen() 函数可以直接打开和读取一个 URL：

```
import urllib.request

url = "http://example.com"
response = urllib.request.urlopen(url)
data = response.read()
print(data)
```

使用 urllib.request.urlopen() 发送请求后会返回一个响应对象，这个对象可以用来读取返回的数据，获取响应头或者其他响应元数据：

```
response = urllib.request.urlopen(url)
print(response.status)          # 打印响应状态码
print(response.getheaders())    # 打印所有响应头
print(response.getheader('Content-Type'))  # 获取特定响应头
```

如果需要构建更复杂的请求，比如实现添加请求头，发送 POST 数据等，可以使用 urllib.request.Request 对象来构建这样的请求：

```
url = "http://httpbin.org/post"
headers = {
    'User-Agent': 'Mozilla/5.0',
    'Content-Type': 'application/json'
}
data = urllib.parse.urlencode({"key": "value"}).encode()
```

```
req = urllib.request.Request(url, data=data, headers=headers,
method='POST')
response = urllib.request.urlopen(req)
print(response.read())
```

(2) urllib.error:

urllib.error 模块主要用于处理在使用 urllib.request 进行网络请求的过程中可能出现的异常。

这个模块提供了几种特定的异常类,其中 URLError 是 urllib.error 模块中最基本的异常类,几乎所有由 urllib.request 模块抛出的异常都是基于它的。如果请求过程中发生了不能归因于 HTTP 的错误(如链接问题、DNS 错误等),则会抛出此异常。

HTTPError 则特别用于处理 HTTP 响应错误,它是 URLError 的子类。当 HTTP 请求返回非成功状态码(如 404 页面未找到、500 服务器错误等)时,会抛出此异常。HTTPError 实例具有 status_code、reason、headers 等属性,可以用来获取更多关于错误的详细信息。编写一个简单的脚本来演示捕获并响应特定的网络错误:

```
import urllib.request
import urllib.error

url = "http://example.com/nonexistent"

try:
    response = urllib.request.urlopen(url)
    content = response.read()
    print(content)
except urllib.error.HTTPError as e:
    print(f"HTTP Error: {e.code} - {e.reason}")
```

```
except urllib.error.URLError as e:
    print(f"URL Error: {e.reason}")
except Exception as e:
    print(f"Other Error: {e}")
```

在这个例子中,如果请求的 URL 不存在(返回 404),则 HTTPError 会被捕获并打印错误代码和原因。如果出现更一般的连接错误(如网络不可达),则 URLError 会被捕获。

(3) urllib.parse:

urllib.parse 提供了一系列函数来解析、处理、拼接和分解 URL。

解析 URL 由 urlparse() 函数实现,它可以将一个 URL 字符串解析成六个组成部分,返回一个六元组,包括协议(scheme)、网络位置(netloc)、路径(path)、参数(params)、查询(query)、片段(fragment):

```
from urllib.parse import urlparse

url = 'http://www.example.com/some/path?name=value#fragment'
parsed_url = urlparse(url)
print(parsed_url)
print("Scheme:", parsed_url.scheme)
print("Netloc:", parsed_url.netloc)
print("Path:", parsed_url.path)
print("Params:", parsed_url.params)
print("Query:", parsed_url.query)
print("Fragment:", parsed_url.fragment)
```

解析后的 URL 元组是不可变的,但可以使用 ParseResult 对象的 _replace() 方法修改某些部分,然后用 urlunparse() 或者 urlunsplit() 重新组合成完整的 URL:

```python
from urllib.parse import urlunparse

new_netloc = parsed_url._replace(netloc="www.newexample.com")
new_url = urlunparse(new_netloc)
print(new_url)
```

urlencode() 函数可以将字典或序列对转换成 URL 编码的查询字符串，这在构造 GET 请求或 POST 请求的数据时非常有用。相对的，parse_qs() 和 parse_qsl() 函数可以将查询字符串解析回 Python 数据结构：

```python
from urllib.parse import urlencode, parse_qs, parse_qsl

query_dict = {'key1': 'value1', 'key2': 'value2'}
encoded_query = urlencode(query_dict)
print("Encoded:", encoded_query)

parsed_query_dict = parse_qs(encoded_query)
print("Parsed Dict:", parsed_query_dict)

parsed_query_list = parse_qsl(encoded_query)
print("Parsed List:", parsed_query_list)
```

URL 编解码功能也是由 urllib.parse 提供的，使用 quote() 函数可以将字符串按照 URL 编码，而 unquote() 函数则可以进行解码：

```python
from urllib.parse import quote, unquote

original_text = "A string with spaces and / characters?"
encoded_text = quote(original_text)
```

```python
print("Encoded:", encoded_text)

decoded_text = unquote(encoded_text)
print("Decoded:", decoded_text)
```

(4) urllib.robotparser：

urllib.robotparser 专门用于解析网站的 robots.txt 文件，帮助开发者理解和遵守网站的抓取政策，判断哪些页面是允许或禁止被网络爬虫访问的。robots.txt 是网站根目录下的一个文本文件，用来告诉网络爬虫哪些内容可以抓取，哪些内容禁止抓取。它主要是基于"Robots Exclusion Protocol"（机器人排除协议）的标准，提供了一种简单的方式来表示这些规则。

urllib.robotparser 提供了一个 RobotFileParser 类，通过这个类的方法可以读取、解析 robots.txt 文件，并根据文件内容判断抓取权限：

```python
from urllib.robotparser import RobotFileParser

# 创建 RobotFileParser 对象
rp = RobotFileParser()

# 设置 robots.txt 文件的 URL
rp.set_url("http://www.example.com/robots.txt")

# 从网上读取和解析 robots.txt 文件
rp.read()

# 检查是否允许抓取某个 URL
url = "http://www.example.com/some/page.html"
user_agent = 'MyBot'
can_fetch = rp.can_fetch(user_agent, url)
```

```
print("Can fetch:", can_fetch)
```

尽管 Urllib 提供了基础的网络请求功能，但它的接口相比于 Requests 库来说更加底层和复杂，像处理错误、设置请求头、管理 Cookies 和会话等在 Urllib 中实现起来比较烦琐。因此，在需要更复杂的 HTTP 客户端功能时，许多开发者和项目倾向于使用 Requests 库，因为它的 API 更简洁、易用。

5.1.2 抓取实战：股票的历史价格数据

提问：

请根据下面的要求生成 Python 代码。

（1）目标：

使用 urllib 从 Yahoo Finance 抓取指定股票的历史价格数据，包括开盘价、收盘价、最高价和最低价。

（2）数据源：

网站选择：使用 Yahoo Finance。

目标数据：历史股票价格数据，包括特定股票代码的日历史交易数据，开盘价、收盘价、最高价、最低价和交易量。

（3）抓取过程设计：

确定 URL：确定 Yahoo Finance 中特定股票的历史数据页面的 URL。

例如，如果抓取苹果公司（AAPL）的历史数据，URL 将类似于 https://finance.yahoo.com/quote/AAPL/history?p=AAPL。

构建请求：使用 urllib.request 构建 HTTP 请求。这一步不需要认证，但需要设置合适的 User-Agent 来模拟浏览器访问。

发送请求和接收响应：使用 urllib.request.urlopen() 方法发送请求，接收 HTML 响应。

通义千问：

下面的 Python 代码展示了如何使用 urllib 库从 Yahoo Finance 获取指定股

票（例如苹果公司的股票，股票代码为 AAPL）的历史价格数据。此代码包括构建 URL、设置请求、发送请求，以及简单的处理响应的步骤。

>_ 使用 urllib 抓取股票历史价格数据

```
import urllib.request
from urllib.request import Request, urlopen
import ssl
# 设置SSL环境
ssl._create_default_https_context = ssl._create_unverified_context
# 股票代码，如苹果公司的AAPL
stock_symbol = 'AAPL'
# 构建URL
url = f'https://finance.yahoo.com/quote/{stock_symbol}/history?p={stock_symbol}'
# 设置请求的User-Agent，模拟浏览器访问
headers = {
    'User-Agent': 'Mozilla/5.0 (Windows NT 10.0; Win64; x64) AppleWebKit/537.36 (KHTML, like Gecko) Chrome/58.0.3029.110 Safari/537.3'
}
# 构建请求
request = Request(url, headers=headers)
# 发送请求并接收响应
try:
    response = urlopen(request)
    # 读取响应内容
    html_content = response.read().decode('utf-8')
    print(html_content[:2000])  # 打印HTML内容的前2000个字符
except urllib.error.URLError as e:
    print(f'Error fetching data: {e.reason}')
```

\# 注意：该代码仅抓取并显示 HTML 页面内容的一部分。

\# 实际的数据解析需要额外的 HTML 解析库，如 BeautifulSoup，来从 HTML 中提取具体的数据。

5.2 使用 Requests 抓取数据

5.2.1 Requests 简介

Requests 库是一个 HTTP 客户端库，用于发送各种 HTTP 请求。相较于 Urllib，Requests 大大简化了网络请求的发送和处理，提供了更为现代化且易用的接口。

Requests 库极大地方便了会话和 Cookie 的管理，能够自动处理跨请求的状态保持，用户可以轻松维护登录状态或者在多个请求之间保持某些参数。它还能自动解码来自服务器的响应数据，支持广泛的编码方式，确保无论服务器返回何种编码格式的数据，用户都能无障碍读取。

安全性方面，Requests 内置了 SSL/TLS 验证，它还支持包括基本认证、摘要认证在内的多种 HTTP 认证机制，无论简单的 API 调用还是需要复杂认证的企业级应用，都能处理得很高效。

Requests 库提供了几个用于发送 HTTP 请求的方法，分别对应不同类型的 HTTP 请求。

（1）GET 请求：

```
requests.get(url, params=None, **kwargs)
```

GET 方法常用于从服务器请求数据，它的作用是获取信息，不会影响资源的状态。它包含三个参数：url 为请求的 URL；params 是可选参数，字典或字节序列；**kwargs 表示其他可选参数，比如 headers、cookies、auth 等。发送 GET 请求代码示例：

```
import requests

# 发送简单的 GET 请求
response = requests.get('https://api.github.com')

# 打印响应内容
print(response.text)

# 检查响应状态码
print(response.status_code)
```

(2) POST 请求:

```
requests.post(url, data=None, json=None, **kwargs)
```

POST 方法的作用是将数据提交到服务器，比如提交表单或上传文件，POST 请求会导致创建新的资源或修改现有资源。在它所需要的参数中，url 与 **kwargs 的内容跟 GET 方法相同，data 为字典、字节序列或文件对象，json 为 JSON 格式的数据，这两个都是可选参数。发送 POST 请求代码示例：

```
# 发送 POST 请求，并带有一些数据
response = requests.post('https://httpbin.org/post', data={'key': 'value'})

# JSON 响应内容
print(response.json())
```

(3) PUT 请求：

```
requests.put(url, data=None, **kwargs)
```

PUT 方法用于上传全部数据以替换目标资源的所有当前表示，在更新服务器上的资源时用得比较多，data 参数为要发送的数据。发送 PUT 请求代码示例：

```
response = requests.put('https://httpbin.org/put', data={'key': 'value'})
```

(4) DELETE 请求：

```
requests.delete(url, **kwargs)
```

使用 DELETE 方法可以请求服务器删除指定的资源，发送 DELETE 请求代码示例：

```
response = requests.delete('https://httpbin.org/delete')
```

(5) 错误处理：

requests 抛出的异常包括 RequestException 以及一些特定的异常如 HTTPError,ConnectionError,Timeout 等。通常的做法是捕获这些异常以确保程序能够处理网络错误，错误处理代码示例：

```
try:
```

```
        response = requests.get('https://api.github.com', timeout=0.5)
        response.raise_for_status()
except requests.exceptions.HTTPError as errh:
        print("Http Error:", errh)
except requests.exceptions.ConnectionError as errc:
        print("Error Connecting:", errc)
except requests.exceptions.Timeout as errt:
        print("Timeout Error:", errt)
except requests.exceptions.RequestException as err:
        print("OOps: Something Else", err)
```

通过这些方法，用户可以根据需要构造几乎任何类型的 HTTP 请求，处理从简单的数据检索到复杂的 RESTful 服务交互的各种网络操作。

5.2.2 抓取实战：天气数据

提问：

请根据下面的要求生成 Python 代码。

（1）目标：

使用 requests 从 OpenWeatherMapAPI 抓取指定地区的实时天气数据，包括温度、气压、湿度、天气状况描述等。

（2）数据源：

API 选择：OpenWeatherMap 提供了一个广泛使用的天气 API，它包含了全球几乎所有主要城市的天气预报和历史数据。

目标数据：实时天气信息，主要包括温度、气压、湿度、风速、风向和天气状况（如晴、雨等）。

（3）抓取过程设计：

注册和获取 API Key：在 OpenWeatherMap 注册账户，并获取一个 API Key，这是使用其 API 进行请求的必要凭证。

构建请求：使用 requests 构建 HTTP 请求，包括将 API Key 作为查询参数包含在请求中。

发送请求和接收响应：使用 requests.get() 方法发送请求，传递包含城市 ID 和 API Key 的 URL。

示例 URL：http://api.openweathermap.org/data/2.5/weather?q=London&appid=your_api_key

解析响应数据：API 通常返回 JSON 格式的响应，可以使用 requests 自带的 .json() 方法直接解析。

数据后处理：将 API 返回的温度从开尔文转换为摄氏度。格式化输出，便于读取和展示。

数据展示：将天气数据展示在控制台。

通义千问：

以下是使用 requests 库从 OpenWeatherMap API 获取指定地区实时天气数据的 Python 代码。该代码将实现你所描述的所有要求，包括发送 HTTP 请求、解析响应数据和格式化输出天气信息。

>_ 使用 requests 抓取天气数据

```python
import requests

def fetch_weather(city, api_key):
    # 构建请求 URL
    url = f'http://api.openweathermap.org/data/2.5/weather?q={city}&appid={api_key}'

    # 发送请求
    response = requests.get(url)

    # 检查响应状态
    if response.status_code == 200:
        # 解析 JSON 响应数据
        data = response.json()
        # 提取并转换温度（开尔文转摄氏度）
        temperature = data['main']['temp'] - 273.15
        # 提取其他天气数据
```

```python
        pressure = data['main']['pressure']
        humidity = data['main']['humidity']
        weather_description = data['weather'][0]['description']
        wind_speed = data['wind']['speed']
        wind_direction = data['wind']['deg']

        # 格式化输出
        print(f"Weather in {city}:")
        print(f"Temperature: {temperature:.2f} °C")
        print(f"Pressure: {pressure} hPa")
        print(f"Humidity: {humidity}%")
        print(f"Weather Condition: {weather_description}")
        print(f"Wind Speed: {wind_speed} m/s, Wind Direction: {wind_direction} degrees")
    else:
        print("Failed to retrieve weather data")

# 使用示例
api_key = 'your_api_key'  # 将 'your_api_key' 替换为你的 OpenWeatherMap API Key
city = 'London'  # 你可以将 'London' 替换为任何其他城市
fetch_weather(city, api_key)
```

5.3 使用 Beautiful Soup 解析数据

5.3.1 Beautiful Soup 简介

Beautiful Soup 库一般要与 Requests 库结合起来使用，它的作用是解析 HTML 和 XML 文档。Beautiful Soup 库支持多种解析器，从 Python 标准库中的 html.parser 到性能更优的第三方解析器 lxml 和 html5lib 都适用。

解析后 Beautiful Soup 会将网页内容转换为易于导航的树形结构，开发者可以通过标签名、属性、CSS 类等多种方式精准定位和提取所需的节点信息。除了解析和提取数据，Beautiful Soup 还提供了文档修改和输出的能力，用户可以对解析树进行内容调整，并将修改后的结构无缝转换为标准的 HTML 或 XML 格式。

Beautiful Soup 在处理文档编码方面的表现相当出色，它能自动识别和处理各种编码，确保无论原始文档使用何种编码方式，最终输出的 Unicode 字符串都能保持准确和完整。

在使用 Beautiful Soup 时需要先通过 Requests 库从网站获取 HTML 内容，然后将这段文本数据传递给 Beautiful Soup 并指定一个解析器（比如 html.parser）。一旦数据解析完成就可以访问文档的不同部分了。比如通过调用 find 方法并传入标签名 title 就可以获取标题标签的内容，然后通过 .text 属性提取出纯文本内容。

```python
from bs4 import BeautifulSoup
import requests

# 使用 requests 获取网页内容
response = requests.get("http://example.com/")
data = response.text
```

```python
# 使用 Beautiful Soup 解析网页
soup = BeautifulSoup(data, 'html.parser')

# 提取网页的标题
title = soup.find('title').text
print(title)
```

至于查找和提取数据，下面来用一个例子进行说明。我们可以使用 find_all 方法来查找文档中所有的 <a> 标签，这会返回一个包含所有找到的 <a> 标签的列表。通过遍历这个列表，可以使用 get 方法提取出每个链接标签的 href 属性，即链接的 URL。如果需要寻找具有特定 id 的元素，比如 id 为 some-id 的 <div> 标签，那么传入标签类型和 id，它会返回第一个匹配的元素。对于更复杂的选择，比如特定的 CSS 类或嵌套关系的元素，可以使用 select 方法定位这种具有特定结构的元素。

```python
# 查找文档中所有的 <a> 标签
links = soup.find_all('a')

# 打印出所有链接的 URL
for link in links:
    print(link.get('href'))

# 查找 id 为 'some-id' 的 div 标签
div_tag = soup.find('div', id='some-id')
print(div_tag.text)

# 使用 CSS 选择器
items = soup.select('div#container .item')
for item in items:
    print(item.text)
```

如果是比较复杂的查询，比如查找所有类名为 my-class 的元素，可以通过 find_all 方法的 class_ 参数实现，class 是 Python 的保留关键字，所以可以使用 class_ 来匹配类属性。如果目标是找到包含某个特定文本的所有 <p> 标签，可以通过 string 参数传递所需文本到 find_all 方法，这样就只会返回包含该文本的 <p> 标签。

```
# 查找带有特定 CSS 类的所有标签
classes = soup.find_all(class_="my-class")

# 查找包含特定文本的段落
paragraphs = soup.find_all('p', string="Specific text")
```

如果需要修改某个 <h1> 标签的文本内容，那么可以先用 find 方法找到这个标签，然后直接修改它的 string 属性。添加新元素可以用 new_tag 方法来创建新标签，然后设置必要的属性和内容，再使用 append 方法将其添加到文档的任何部分。最后 prettify 方法可以将整个文档重新格式化并转换为字符串，这样就可以查看或保存修改后的 HTML。

```
# 修改一个标签的文本内容
tag = soup.find('h1')
tag.string = "New header text"

# 添加一个新标签
new_tag = soup.new_tag('a', href="http://www.example.com")
new_tag.string = "Example Link"
soup.body.append(new_tag)

# 输出修改后的 HTML
print(soup.prettify())
```

5.3.2 抓取实战：食谱数据

提问：

请根据下面的要求生成 Python 代码。

（1）目标：

使用 requests 和 Beautiful Soup 从 Allrecipes 抓取特定食谱的详细信息，包括食谱名称、成分列表、烹饪步骤和总准备时间。

（2）数据源：

网站选择：使用 Allrecipes 网站（例如一个具体食谱的页面 https://www.allrecipes.com/recipe/26921/real-italian-calzones/）。

目标数据：食谱名称。

成分列表，包括各种成分和相应的用量。

烹饪步骤，分步的烹饪指导。

总准备时间，包括准备和烹饪时间。

（3）抓取过程设计：

发送请求获取页面内容：使用 requests.get() 方法访问目标食谱的 URL，获取页面的 HTML 内容。

内容解析：将 requests 获取到的 HTML 内容传递给 Beautiful Soup 进行解析。

使用 Beautiful Soup 查找和提取食谱名称、成分列表、烹饪步骤和预备时间的详细信息。

食谱名称可以通过特定的 CSS 类名或 HTML 标签定位。

成分列表和烹饪步骤可能包含在有序或无序列表中，需要精确抓取每一项。

数据清洗和格式化：清除文本中的多余空格或 HTML 标签，确保提取的数据是干净的纯文本。

数据存储：将清洗后的数据存储在 JSON 文件中，每个食谱一个文件，方便进一步的数据分析和使用。

（4）定时任务和自动化：

自动更新：使用 Python 的 schedule 库定时执行数据抓取任务，确保食谱信息的更新。

（5）性能和合规性考虑：

请求频率：确保请求频率不会过高，避免对 Allrecipes 网站服务器造成不必要的负担。

错误处理：添加异常处理逻辑，确保在网络请求失败或数据解析错误时能够妥善处理。

通义千问：

以下是使用 requests 和 Beautiful Soup 从 Allrecipes 网站抓取特定食谱详细信息的 Python 代码。这段代码将包括食谱名称、成分列表、烹饪步骤、总准备时间的抓取，并将数据存储在 JSON 文件中。此外，也会包含错误处理和数据清洗的逻辑。

>_ 使用 requests 和 Beautiful Soup 抓取食谱

```python
import requests
from bs4 import BeautifulSoup
import json


def fetch_recipe_details(url):
    try:
        # 发送请求获取页面内容
        response = requests.get(url)
        response.raise_for_status()  # 确保请求成功

        # 使用 Beautiful Soup 解析 HTML 内容
        soup = BeautifulSoup(response.text, 'html.parser')

        # 抓取食谱名称
        recipe_name = soup.find('h1').text.strip()

        # 抓取成分列表
        ingredients = []
        for item in soup.findAll("span", class_="ingredients-item-name"):
            ingredients.append(item.text.strip())

        # 抓取烹饪步骤
        steps = []
```

```python
        for step in soup.findAll("div", class_="paragraph"):
            steps.append(step.text.strip())

        # 抓取总准备时间
        total_time = soup.find("div", class_="recipe-meta-item-body").text.strip()

        # 将抓取的数据存储为字典
        recipe_details = {
            'Recipe Name': recipe_name,
            'Ingredients': ingredients,
            'Cooking Steps': steps,
            'Total Preparation Time': total_time
        }

        # 数据存储:将数据保存到 JSON 文件
        with open(f"{recipe_name.replace(' ', '_')}.json", 'w', encoding='utf-8') as f:
            json.dump(recipe_details, f, ensure_ascii=False, indent=4)

        return recipe_details

    except requests.RequestException as e:
        print(f"Error fetching the recipe: {e}")
    except Exception as e:
        print(f"An error occurred: {e}")

# 示例 URL
url = "https://www.allrecipes.com/recipe/26921/real-italian-calzones/"
recipe_data = fetch_recipe_details(url)
print(recipe_data)
```

5.4 使用 Scrapy 抓取数据

5.4.1 Scrapy 简介

Scrapy 是一个更高级的网页抓取框架，专为网页抓取和提取结构化数据而设计。它采用的是基于 Twisted 的异步处理框架，在处理多个网络请求时更为高效。Scrapy 框架主要由六个互相协作的组件构成：

（1）引擎：

引擎（Scrapy Engine）是整个 Scrapy 框架最核心的部分，其主要职责是控制整个爬虫系统的数据流动，并在各个组件之间协调操作。引擎扮演着数据处理和事件触发的中心调度器的角色，使得整个爬虫过程能够高效且有序地运作。它的一个典型工作流程如下：

①初始化：引擎首先处理配置和初始化任务，设置中间件和信号处理器。

②启动爬虫：引擎根据命令行或 API 调用启动一个或多个爬虫。

③请求处理：引擎从爬虫接收初始请求，并通过调度器管理这些请求。随后，这些请求被发送到下载器。

④响应处理：下载后的响应由引擎接收，并通过相应的爬虫中间件传递到爬虫进行解析。

⑤数据抽取：爬虫解析响应，提取数据项，这些数据项被送回引擎，引擎再将它们送到项目管道进行进一步处理。

⑥持续和关闭：引擎管理请求的连续处理，直到所有的请求都被处理完毕。完成后，引擎触发关闭信号，并进行清理操作。

（2）调度器：

Scrapy 的调度器（Scheduler）负责接收从引擎传来的请求，并管理这些请求的存储和分发。调度器的主要作用是确保请求以有效和有序的方式被处理,同时也进行去重,避免对同一资源的重复访问,提高爬虫的效率并减少对目标网站的不必要负担。

(3) 下载器:

下载器 (Downloader) 负责网络通信,其主要任务是执行 HTTP 或 HTTPS 请求,接收并返回网页数据。下载器的设计使其能够处理高并发的请求,支持异步操作。

(4) 爬虫:

爬虫 (Spiders) 是用户编写代码以定义如何从特定网页中提取结构化数据的地方。简而言之,爬虫是用来解析 HTTP 响应并提取信息的自定义 Python 类。一个基本的 Scrapy 爬虫示例代码如下:

```python
import scrapy

class MySpider(scrapy.Spider):
    name = 'my_spider'
    start_urls = ['https://example.com']

    def parse(self, response):
        # 提取页面标题
        page_title = response.css('title::text').get()
        yield {'title': page_title}

        # 提取页面上的所有链接,并生成新的请求
        links = response.css('a::attr(href)').getall()
        for link in links:
            yield response.follow(link, callback=self.parse)
```

MySpider 类继承自 scrapy.Spider,它定义了一个起始 URL,并实现了一个 parse 方法用于解析响应。这个方法首先提取了页面标题,并将其作为字典返回。

然后，它找出页面中的所有链接并为每个链接生成一个新的请求，请求的回调函数依然是 parse 方法。

(5) 项目管道：

项目管道 (Item Pipeline) 是一个处理数据抽取后的组件，主要用于进一步处理、验证和存储由爬虫提取的数据。数据流经爬虫后会进入这个管道，其中每个数据项都会依次通过一系列的处理步骤。

在项目中可以定义多个管道来处理数据，每个管道都是一个实现特定方法来处理数据项的 Python 类。Scrapy 的设置文件 settings.py 用于指定哪些管道被激活以及它们的执行顺序。下面是一个简单的管道示例代码，展示如何对数据进行清洗和存储：

```python
class ExamplePipeline:
    def process_item(self, item, spider):
        # 清洗数据：将所有字符串字段转换为小写
        for field in item.fields:
            if isinstance(item[field], str):
                item[field] = item[field].lower()

        # 验证数据：确保所有字段都不为空
        if all(item.values()):
            return item
        else:
            raise DropItem("Missing values in item")

    def open_spider(self, spider):
        # 初始化数据库连接
        self.client = pymongo.MongoDBClient('localhost', 27017)
        self.db = self.client["mydatabase"]
        self.collection = self.db["items"]
```

```python
    def close_spider(self, spider):
        # 关闭数据库连接
        self.client.close()

    def process_item(self, item, spider):
        # 存储数据到数据库
        self.collection.insert_one(dict(item))
        return item
```

在 Scrapy 的 settings.py 文件中,需要指定激活哪些管道以及它们的执行顺序,执行顺序由数字表示,数字越小优先级越高:

```
ITEM_PIPELINES = {
    'myproject.pipelines.ExamplePipeline': 300,
}
```

(6) 中间件:

中间件(Middlewares)为开发者提供了一种灵活的方法来扩展和定制 Scrapy 的默认行为。Scrapy 包含两种类型的中间件,分别是下载器中间件(Downloader Middlewares)和爬虫中间件(Spider Middlewares),它们让开发者能够在请求的发送和响应的处理过程中插入自定义功能和处理逻辑。

下载器中间件是介于 Scrapy 的请求/响应处理和下载执行之间的钩子,可以在请求发送到下载器之前以及从下载器接收到响应之后对这些请求和响应进行处理,主要用途是修改请求、处理响应以及处理异常。

爬虫中间件是位于引擎和爬虫之间的钩子,主要负责处理爬虫输入(即响应)和输出(即提取的数据和新生成的请求)。

如果想要在 Scrapy 中实现自定义中间件,需要定义一个类并实现相应的方法。

以下是一个简单的下载器中间件示例，展示了如何修改请求头：

```python
class CustomDownloaderMiddleware:
    def process_request(self, request, spider):
        request.headers['User-Agent'] = 'Custom User Agent'
        return None  # 返回 None 继续处理其他中间件和下载请求

    def process_response(self, request, response, spider):
        # 对响应进行检查，如果不满足条件则生成新的请求
        if response.status != 200:
            new_request = request.copy()
            return new_request
        return response

    def process_exception(self, request, exception, spider):
        # 处理过程中的异常
        if isinstance(exception, TimeoutError):
            return request  # 重新发送请求
```

在 settings.py 中激活中间件：

```python
DOWNLOADER_MIDDLEWARES = {
    'myproject.middlewares.CustomDownloaderMiddleware': 543,
}

SPIDER_MIDDLEWARES = {
    'myproject.middlewares.CustomSpiderMiddleware': 543,
}
```

5.4.2 抓取实战:影视信息

本节所涉及的 Scrapy 实现代码比较复杂,是通过数次迭代最终整合而成的 Scrapy 项目。

> **提问:**
>
> 请根据下面的要求生成 Python 代码。
>
> (1)目标:
>
> 使用 Scrapy 从 IMDb(Internet Movie Database)抓取电影的详细信息,包括电影名称、发布年份、导演、主演、评分和用户评论。
>
> (2)数据源:
>
> 网站选择:使用 IMDb,这是最全面的在线电影数据库之一,提供广泛的电影、电视节目和名人内容。
>
> 目标数据:电影名称、发布年份、导演、主演列表、IMDb 评分、用户评论。
>
> (3)抓取过程设计:
>
> 开始 URL:确定一个或多个开始 URL,例如 IMDb 的 "Top Rated Movies" 页面(https://www.imdb.com/chart/top),这个页面列出了排名靠前的电影,可以作为抓取的起点。
>
> 爬虫和规则:定义一个 Scrapy 爬虫,使用 Scrapy 的 LinkExtractor 来提取电影详情页面的链接。
>
> 对每个电影详情页,抓取电影名称、发布年份、导演、主演和评分。
>
> 爬虫还将提取电影评论页面的链接,并抓取用户评论。
>
> 数据提取:使用 Scrapy 的选择器提取所需数据。例如,使用 XPath 或 CSS 选择器提取电影标题、导演名称、主演和评分。
>
> 对于用户评论,提取评论文本和评论者名称。
>
> 数据存储:每部电影和它的相关信息将存储为一个 .txt 文档。
>
> (4)高级功能和自动化:
>
> 数据清洗:在 Item Pipeline 中实现数据清洗逻辑,例如去除空格、转换日期格式等。
>
> 错误处理:实现错误处理和重试机制,以应对网页结构变化或网络请求失败的情况。
>
> 性能优化:配置 Scrapy 的下载延迟和并发请求,以遵守 IMDb 的 robots.txt

规定，并确保不会因请求过于频繁而被封禁。

监控和日志记录：使用 Scrapy 的日志记录功能来监控爬虫的状态和进度，及时发现并解决问题。

通义千问：

下面的代码示例展示了一个可运行的 Scrapy 项目结构与代码实现，以满足上述要求。该示例包括一个爬虫（Spider）、定义的 Item、管道（Pipeline），以及相应的设置与数据清洗、错误处理和性能优化策略。

请注意：

（1）在运行前，需要安装 Scrapy：pip install scrapy。

（2）将下面的代码结构保存为一个 Scrapy 项目。例如，使用 scrapy startproject imdb_spider 创建项目，然后将相应的代码文件放入对应位置。

（3）运行爬虫：在项目目录下执行 scrapy crawl imdb_top_rated。

>_ 项目结构

```
imdb_spider/
│
├── imdb_spider/
│   ├── __init__.py
│   ├── items.py
│   ├── middlewares.py
│   ├── pipelines.py
│   ├── settings.py
│   └── spiders/
│       ├── __init__.py
│       └── imdb_top_rated.py
└── scrapy.cfg
```

>_ items.py

```python
import scrapy

class MovieItem(scrapy.Item):
    title = scrapy.Field()
    year = scrapy.Field()
```

```python
        director = scrapy.Field()
        stars = scrapy.Field()
        rating = scrapy.Field()
    reviews = scrapy.Field()
    # 存储 (reviewer, comment) 的列表
```

>_ pipelines.py
```python
import os

class ImdbSpiderPipeline:
    def process_item(self, item, spider):
        # 数据清洗：去除多余空格
        title = item.get('title', '').strip()
        year = item.get('year', '').strip()
        director = [d.strip() for d in item.get('director', []) if d.strip()]
        stars = [s.strip() for s in item.get('stars', []) if s.strip()]
        rating = item.get('rating', '').strip()

        # 清洗评论数据
        cleaned_reviews = []
        for rev in item.get('reviews', []):
            reviewer = rev[0].strip() if rev[0] else ''
            comment = rev[1].strip() if rev[1] else ''
            if reviewer and comment:
                cleaned_reviews.append((reviewer, comment))

        # 更新清洗后的数据
        item['title'] = title
        item['year'] = year
        item['director'] = director
        item['stars'] = stars
```

```python
            item['rating'] = rating
            item['reviews'] = cleaned_reviews

            # 将数据写入 txt 文件
            # 为确保文件名安全，对 title 中的非法字符进行替换
            safe_title = "".join([c if c.isalnum() else "_" for c in title]) or "untitled_movie"
            filename = f"{safe_title}.txt"

            with open(filename, 'w', encoding='utf-8') as f:
                f.write(f"Title: {title}\n")
                f.write(f"Year: {year}\n")
                f.write(f"Director: {', '.join(director)}\n")
                f.write(f"Stars: {', '.join(stars)}\n")
                f.write(f"IMDb Rating: {rating}\n\n")
                f.write("Reviews:\n")
                for rev_item in cleaned_reviews:
                    f.write(f"Reviewer: {rev_item[0]}\n")
                    f.write(f"Comment: {rev_item[1]}\n")
                    f.write("-----\n")

            return item
```

```
>_ settings.py
```
```python
# Scrapy settings for imdb_spider project
BOT_NAME = 'imdb_spider'

SPIDER_MODULES = ['imdb_spider.spiders']
NEWSPIDER_MODULE = 'imdb_spider.spiders'

# 遵守 robots.txt
ROBOTSTXT_OBEY = True
# 下载延迟和并发设置，防止过快访问
```

```
DOWNLOAD_DELAY = 2
CONCURRENT_REQUESTS = 1

# 重试机制
RETRY_ENABLED = True
RETRY_TIMES = 2

ITEM_PIPELINES = {
    'imdb_spider.pipelines.ImdbSpiderPipeline': 300,
}

# 设置日志级别
LOG_LEVEL = 'INFO'
```

>_ spiders/imdb_top_rated.py
```
import scrapy
from scrapy.linkextractors import LinkExtractor
from scrapy.spiders import CrawlSpider, Rule
from imdb_spider.items import MovieItem
import logging

class ImdbTopRatedSpider(CrawlSpider):
    name = 'imdb_top_rated'
    allowed_domains = ['imdb.com']
    start_urls = ['https://www.imdb.com/chart/top']

    # 使用 LinkExtractor 提取电影详情页面链接
    rules = (
        Rule(
            LinkExtractor(
                restrict_xpaths='//td[@class="titleColumn"]/a'
            ),
            callback='parse_movie', follow=True
```

```python
            ),
        )

    def parse_movie(self, response):
        # 提取电影信息
        item = MovieItem()

        # 标题和年份 (年份有时在<title>或其他标签中)
        title_selector = response.xpath('//h1/text()')
        if not title_selector:
            title_selector = response.xpath('//h1/span[@class="sc-afe43def-1 fDTGTb"]/text()')
        title = title_selector.get(default='').strip()

        # 年份
        year = response.xpath('//span[@id="titleYear"]/a/text()').get()
        if not year:
            year = response.xpath('//ul[@data-testid="hero-title-block__metadata"]//li/a[contains(@href, "releaseinfo")]/text()').get()

        # 导演 (可能是多个导演)
        directors = response.xpath('//a[contains(@href, "tt_ov_dr")]/text()').getall()
        if not directors:
            # 新页面结构下的选择器
            directors = response.xpath('//ul[@data-testid="hero-title-block__metadata"]//a[contains(@href, "tt_ov_dr")]/text()').getall()

        # 主演 (Stars)
        stars = response.xpath('//a[contains(@href, "tt_ov_st")]/text()').getall()
```

```python
            if not stars:
                stars = response.xpath('//div[@data-testid="title-pc-wide-screen"]//a[contains(@href,"tt_cl_t")]//text()').getall()

            # 评分
            rating = response.xpath('//span[@itemprop="ratingValue"]/text()').get()
            if not rating:
                rating = response.xpath('//span[@class="sc-7ab21ed2-1 jGRxWM"]/text()').get()

            item['title'] = title
            item['year'] = year
            item['director'] = directors
            item['stars'] = stars
            item['rating'] = rating

            # 查找用户评论页面的URL（通常在详情页链接中）
            reviews_page = response.xpath('//a[contains(@href,"/reviews")]/@href').get()
            if reviews_page:
                reviews_url = response.urljoin(reviews_page)
                # 将当前item通过meta传递给parse_reviews
                yield scrapy.Request(url=reviews_url, callback=self.parse_reviews, meta={'item': item}, errback=self.errback_httpbin)
            else:
                # 没有找到评论链接，直接yield item
                item['reviews'] = []
                yield item

    def parse_reviews(self, response):
        # 解析用户评论
        item = response.meta['item']
```

```python
            reviews = []
            # 以下选择器根据IMDb评论页面可能会变化，需要根据实际结构调整
            review_blocks = response.xpath('//div[contains(@class,"review-container")]')
            if not review_blocks:
                # 新版IMDb评论页结构尝试
                review_blocks = response.xpath('//div[@data-testid="review-container"]')
            
            for block in review_blocks:
                reviewer = block.xpath('.//span[@class="display-name-link"]/a/text()').get()
                if not reviewer:
                    # 尝试新的选择器
                    reviewer = block.xpath('.//span[@data-testid="author"]/text()').get()
                comment = block.xpath('.//div[@class="text show-more__control"]/text()').get()
                if not comment:
                    # 尝试新的选择器获取评论
                    comment = block.xpath('.//span[@data-testid="review-text"]/text()').get()
                reviews.append((reviewer, comment))
            
            item['reviews'] = reviews
            yield item
    
    def errback_httpbin(self, failure):
        # 错误处理：在日志中记录错误
        self.logger.error(repr(failure))
```

5.5 使用 Selenium 抓取数据

5.5.1 Selenium 简介

如果需要抓取的网站使用了大量的 JavaScript，或者要与网页上的元素交互（比如填写表单、点击按钮）时，静态数据爬取工具可能无法达到效果，这时候可以考虑使用 Selenium。Selenium 可以通过控制浏览器来模拟真实用户行为，从而克服这些限制。

现在许多网站使用 JavaScript 来动态加载内容，这种情况下 Selenium 可以模拟用户滚动页面、点击按钮等行为，触发 JavaScript 事件来加载数据。还有一些网站需要登录、表单提交等复杂的用户交互才能访问数据，Selenium 可以自动填写表单，点击按钮，甚至处理弹出窗口和下拉菜单，实现自动化登录和数据访问。

与简单的 HTTP 请求工具相比，使用 Selenium 的爬虫更难被检测。Selenium 可以模拟正常用户的浏览器行为，包括执行 JavaScript 和加载 Cookies，这有助于绕过一些基于行为分析的反爬虫技术。

Selenium 主要由三部分组成。Selenium WebDriver 是 Selenium 提供的核心接口，可以用于编写指令来控制浏览器的行为；Selenium IDE 是一个浏览器扩展，提供了一个简易的界面用于创建自动化测试脚本，允许录制、编辑和调试测试脚本。Selenium Grid 则用于同时在不同的环境下并行执行多个测试实例，它可以控制多台机器上的浏览器，缩短测试时间。以下是一个简单的示例，展示了如何使用 Selenium 来爬取动态加载的数据：

```
from selenium import webdriver
from selenium.webdriver.common.keys import Keys
```

```python
import time

# 设置 Chrome 驱动程序的路径
driver = webdriver.Chrome('/path/to/chromedriver')

# 打开目标网页
driver.get('http://example.com')

# 等待一些 JavaScript 加载完成
time.sleep(10)

# 模拟用户操作,如页面滚动
driver.execute_script("window.scrollTo(0, document.body.scrollHeight);")
time.sleep(5)

# 查找并提取数据
elements = driver.find_elements_by_class_name('data-class')
for element in elements:
    print(element.text)

# 关闭浏览器
driver.quit()
```

5.5.2 抓取实战:航班信息

提问:

请根据下面的要求生成 Python 代码。

(1)目标:

使用 Selenium 从实时航班信息提供网站抓取特定航班的状态和时间信息。

(2) 数据源：

网站选择：使用 FlightRadar24，这是一个提供全球实时航班跟踪服务的网站，其信息包括航班的动态位置、状态和基本的航班详情。

目标数据：航班号、起飞和到达时间、实际和预计起飞、到达状态、登机口和行李转盘信息（如果可用）、航班的实时位置（如果可操作，可视化地图追踪）。

(3) 抓取过程设计：

启动浏览器实例：使用 Selenium 启动一个 WebDriver 实例，配置好浏览器的路径和必要的选项。

导航到目标网站：使用 WebDriver 打开 FlightRadar24 的主页或直接导航到特定航班的实时追踪页面。

用户交互模拟：如果需要搜索特定航班，模拟输入航班号并提交搜索。这可能涉及填写搜索框、点击搜索按钮等操作。

动态内容加载处理：等待动态内容加载完成，这可能需要使用 Selenium 的等待功能，如 WebDriverWait 和 expected_conditions，以确保所有信息已经渲染完毕。

数据提取：使用 Selenium 提取航班的详细信息，如起飞和到达时间、航班状态等。

对于地图信息，可以截取屏幕图片保存航班当前位置。

数据存储：将抓取到的数据存储在本地 CSV 文件中。

(4) 定时任务和自动化：

自动更新：使用任务调度工具如 Windows 的任务计划程序或 Linux 的 cron，来定时启动 Selenium 脚本，定时抓取最新航班信息。

(5) 性能和合规性考虑：

遵守网站使用条款：确保自动抓取行为符合 FlightRadar24 的使用条款，避免频繁抓取导致 IP 被封。

错误处理和日志记录：添加异常处理逻辑，确保在网络请求失败或页面结构变化时能够妥善处理。

记录日志以监控抓取过程和维护系统稳定运行。

通义千问：

下面的示例代码展示了一个使用 Selenium 抓取 FlightRadar24 上特定航班信息的参考事项。请注意，FlightRadar24 的页面结构和定位方式可能会不定期更新，因此需要根据实际情况对 XPath 或 CSS 选择器进行调整。同时，本示例仅作为参考，实际生产环境中还需要根据条款合规、请求频率控制以及数据存储结构进行改进和完善。

在开始运行本代码前,请确保:

(1) 已安装 Selenium 库: pip install selenium。

(2) 已下载对应的浏览器驱动(以 Chrome 为例)并将其放置在 PATH 可访问的目录下。

(3) 更换实际的航班号、选择器以及相关流程,确保可以正常抓取目标网站数据。

(4) 调整等待时间与条件,以适应网络延迟和页面加载速度。

功能简述:

打开浏览器并访问 FlightRadar24 主页

搜索特定航班号

等待页面加载并提取航班信息(起飞、到达时间,实际/预计状态,登机口,行李转盘信息)

截图保存航班地图位置(如有可视化地图)

将数据保存至本地 CSV 文件

添加基本的异常处理与日志记录

可通过外部的任务调度(如 cron 或 Windows 任务计划)定期执行脚本

>_ 使用 Selenium 抓取航班信息

```
import os
import csv
import time
import logging
from datetime import datetime
from selenium import webdriver
from selenium.webdriver.common.by import By
from selenium.webdriver.common.keys import Keys
from selenium.webdriver.support.ui import WebDriverWait
from selenium.webdriver.support import expected_conditions as EC
from selenium.common.exceptions import TimeoutException, NoSuchElementException

# 配置日志
```

```python
logging.basicConfig(
    filename='flight_scrape.log',
    level=logging.INFO,
    format='%(asctime)s - %(levelname)s - %(message)s'
)

def scrape_flight_info(flight_number):
    # 初始化 WebDriver（以 Chrome 为例）
    options = webdriver.ChromeOptions()
    # 根据需要添加无头模式、代理等参数
    # options.add_argument('--headless')
    driver = webdriver.Chrome(options=options)
    driver.maximize_window()

    try:
        # 打开 FlightRadar24 主页
        driver.get("https://www.flightradar24.com/")

        # 等待页面加载搜索框出现
        wait = WebDriverWait(driver, 20)
        search_box = wait.until(EC.presence_of_element_located((By.XPATH, '//input[@type="search"]')))

        # 输入航班号（例如：CA984）
        search_box.clear()
        search_box.sendKeys(flight_number)
        search_box.send_keys(Keys.ENTER)

        # 等待搜索结果出现并点击第一个匹配
        # 实际结构可能需要根据页面变化做适当修改
        result_flight = wait.until(EC.element_to_be_clickable((By.XPATH, '//div[@class="result-item"]')))
        result_flight.click()
```

```python
        # 等待航班详情页面加载（需要根据实际页面结构设置等待条件）
        # 假设航班详情可能在出现特定元素后呈现
        flight_info_section = wait.until(EC.presence_of_element_
located((By.XPATH, '//div[contains(@class,"flight-page")]')))

        # 提取信息示例（以下 XPATH/CSS 选择器仅为示例）
        # 起飞机场、时间、状态
        try:
            departure_airport = driver.find_element(By.XPATH, '//
div[@data-testid="departure-airport"]').text
        except NoSuchElementException:
            departure_airport = ''

        try:
            departure_time_scheduled = driver.find_element(By.
XPATH, '//div[@data-testid="departure-scheduled-time"]').text
        except NoSuchElementException:
            departure_time_scheduled = ''

        try:
            departure_time_actual = driver.find_element(By.XPATH,
'//div[@data-testid="departure-actual-time"]').text
        except NoSuchElementException:
            departure_time_actual = ''

        # 到达机场、时间、状态
        try:
            arrival_airport = driver.find_element(By.XPATH, '//
div[@data-testid="arrival-airport"]').text
        except NoSuchElementException:
            arrival_airport = ''

        try:
```

```python
            arrival_time_scheduled = driver.find_element(By.XPATH, '//div[@data-testid="arrival-scheduled-time"]').text
        except NoSuchElementException:
            arrival_time_scheduled = ''

        try:
            arrival_time_actual = driver.find_element(By.XPATH, '//div[@data-testid="arrival-actual-time"]').text
        except NoSuchElementException:
            arrival_time_actual = ''

        # 航班状态
        try:
            flight_status = driver.find_element(By.XPATH, '//span[@data-testid="flight-status"]').text
        except NoSuchElementException:
            flight_status = ''

        # 登机口信息(如有)
        try:
            departure_gate = driver.find_element(By.XPATH, '//span[@data-testid="departure-gate"]').text
        except NoSuchElementException:
            departure_gate = ''

        try:
            arrival_gate = driver.find_element(By.XPATH, '//span[@data-testid="arrival-gate"]').text
        except NoSuchElementException:
            arrival_gate = ''

        # 行李转盘信息(如有)
        try:
```

```python
            baggage_claim = driver.find_element(By.XPATH, '//span[@data-testid="arrival-baggage"]').text
        except NoSuchElementException:
            baggage_claim = ''

        # 截图航班位置地图(如果可见)
        # 假设有一个地图区域
        try:
            map_element = driver.find_element(By.XPATH, '//div[@data-testid="map"]')
            screenshot_name = f"{flight_number}_map_{int(time.time())}.png"
            map_element.screenshot(screenshot_name)
        except NoSuchElementException:
            # 没有找到地图元素
            screenshot_name = ''

        # 整理数据
        flight_data = {
            "flight_number": flight_number,
            "departure_airport": departure_airport,
            "departure_time_scheduled": departure_time_scheduled,
            "departure_time_actual": departure_time_actual,
            "arrival_airport": arrival_airport,
            "arrival_time_scheduled": arrival_time_scheduled,
            "arrival_time_actual": arrival_time_actual,
            "flight_status": flight_status,
            "departure_gate": departure_gate,
            "arrival_gate": arrival_gate,
            "baggage_claim": baggage_claim,
            "map_screenshot": screenshot_name,
            "timestamp": datetime.now().isoformat()
        }
```

```python
            # 保存数据至 CSV 文件
            save_to_csv(flight_data)

            logging.info(f"Successfully scraped data for flight {flight_number}: {flight_data}")

    except TimeoutException as e:
        logging.error(f"Timeout while loading page or elements: {e}")
    except Exception as e:
        logging.error(f"An error occurred: {e}")
    finally:
        driver.quit()

def save_to_csv(data, filename='flight_data.csv'):
    file_exists = os.path.isfile(filename)
    with open(filename, 'a', newline='', encoding='utf-8') as csvfile:
        fieldnames = [
            "flight_number", "departure_airport", "departure_time_scheduled",
            "departure_time_actual", "arrival_airport", "arrival_time_scheduled",
            "arrival_time_actual", "flight_status", "departure_gate", "arrival_gate",
            "baggage_claim", "map_screenshot", "timestamp"
        ]
        writer = csv.DictWriter(csvfile, fieldnames=fieldnames)
        if not file_exists:
            writer.writeheader()
        writer.writerow(data)
```

```python
if __name__ == "__main__":
    # 示例调用
    # 实际使用时可以将此脚本由cron或Windows任务计划自动定时执行
    flight_number = "CA984"  # 示例航班号，需要根据实际需要替换
    scrape_flight_info(flight_number)
```

定时任务自动化：

在Windows上，可使用「任务计划程序」创建一个基本任务，每隔固定时间执行该Python脚本。

注意事项：

需要根据FlightRadar24实际页面结构更新XPath选择器。

若FlightRadar24对爬虫或自动访问有严格限制，需要遵守其使用条款或申请API访问权限。

考虑对请求频率进行限制，避免触发网站防爬策略。

使用代理、轮换User-Agent等技术进一步提升稳定性与合规性。

第 6 章
数据库管理

在不同的业务需求下，量化交易对于关系型数据库与非关系型数据库的选择存在差异。本章将具体展示如何使用 AI 来生成两种类型数据库的操作代码，并进一步探讨二者在量化交易中的适用范围。

6.1 关系型数据库

6.1.1 关系型数据库数据结构

关系型数据库是一种结构化的数据库，其中的数据以二维表的形式进行存储。每个表格称为一个"关系"，其中存储的是具有相似属性的数据记录。表格中的每一行（也称为记录或元组）代表一组相关的数据项，代表数据库中的一个实体或实体之间的关系。每一列（也称为字段）则定义了一种数据类型，例如数字、字符串或日期等。表 6-1 是一个关系型数据库表示例。

表 6-1 关系型数据库表示例

BookID	Title	Author	PublishedYear	Genre	CopiesAvailable
1	The Great Gatsby	F. Scott Fitzgerald	1925	Novel	3
2	Brave New World	Aldous Huxley	1932	Dystopia	2
3	To Kill a Mockingbird	Harper Lee	1960	Novel	5

这是一个图书管理系统中被命名为 Books 的表，那么这张表就是一个关系，它以表的形式组织了图书的数据，每条记录有相似的属性，存储在表的结构中。

在 Books 表中，每一行即一个元组，表示一个具体的图书条目。比如第一行包含了《了不起的盖茨比》的相关信息，其书籍 ID 为 1，作者是 F. Scott Fitzgerald，出版年是 1925 年，类型是小说，目前可用副本数为 3。

表中的每一列代表一个字段，描述了图书记录的一个属性。比如在本例中，其所包含的字段包括以下几种：

BookID：书籍的唯一标识符，通常设为整数类型。

Title：书名，字符串类型。

Author：作者名，字符串类型。

PublishedYear：出版年份，整数类型。

Genre：图书类型，如小说或非小说等，字符串类型。

CopiesAvailable：可用副本数，整数类型。

6.1.2 主键与外键

在一张数据表中，必须有一个字段（也可以是多个字段的组合）来对每条记录进行唯一标识，这个字段就叫作主键。主键中的每一个值都必须唯一，不允许重复，并且不能是空值（NULL）。大多数数据库管理系统会自动为主键创建索引，在数据表 6-1 中，最适合作为主键的就是 BookID 这一字段，也就是说每本书都有着唯一的 BookID，且这个 ID 不能是空值，这样就能保证数据库中每一本书都会处于索引序列中。

外键则是另一个表中的字段，用于对本表的主键进行引用。比如说表 6-2，它所记录的内容是图书的借阅情况。

表 6-2 借阅记录表

RecordID	BookID	BorrowerID	BorrowDate
1	1	1001	2024-07-01
2	2	1002	2024-07-02
3	3	1003	2024-07-03

其中 RecordID 是 BorrowRecords 表的主键，唯一标识每条借阅记录。BookID 就是作为外键存在于 BorrowRecords 表中，用来引用表 6-1Books 表的 BookID 主键。外键 BookID 确保 BorrowRecords 表中的每条记录都对应一个存在于 Books 表中的有效 BookID，如果有人想要插入一个新的借阅记录，但是其中的 BookID 不在 Books 表中，那么数据库将拒绝这次的插入。就比如下面这个插入内容（表 6-3）：

表 6-3 插入记录

RecordID	BookID	BorrowerID	BorrowDate
4	4	1004	2024-07-04

由于 BookID 4 在 Books 表中不存在，这条记录的插入会被数据库系统拒绝。

6.2 关系型数据库的数据类型与 Python 映射

典型关系型数据库（MySQL、PostgreSQL、Oracle、SQL Server 等）都有自己定义的数据类型，如整型、浮点型、字符串、日期时间、二进制数据等。在 Python 端，当我们通过数据库驱动（如 psycopg2、mysql-connector-python、pyodbc 等）或 ORM 框架（如 SQLAlchemy、Django ORM）连接时，这些底层数据库类型会被映射为相应的 Python 数据类型。常见关系型数据库类型有以下几种：

6.2.1 数值类型

INT/INTEGER、SMALLINT、BIGINT 对应 Python 的 int 类型。

FLOAT/REAL/DOUBLE PRECISION 对应 Python 的 float 类型。

DECIMAL/NUMERIC 在 Python 中常映射为 decimal.Decimal 对象，确保高精度计算。在 ORM 或驱动配置中可指定自动转换。

6.2.2 字符类型

CHAR/VARCHAR/TEXT 对应 Python 的 str 类型。

CLOB（Character Large Object）也映射为 Python 的字符串（str），如果数据过大可能需要流式读取。

6.2.3 日期和时间类型

DATE 映射为 Python 的 datetime.date 对象。

TIME 映射为 Python 的 datetime.time 对象。

TIMESTAMP/DATETIME 映射为 Python 的 datetime.datetime 对象。

在使用 psycopg2 或 mysql-connector 等驱动时，这些类型会自动转换为合适的 datetime 类型。ORM（如 SQLAlchemy）则有专门的 DateTime、Date 等类型字段。

6.2.4 布尔类型

BOOLEAN 或 TINYINT(1)（MySQL 中常用的布尔型替代）对应 Python 的 bool 类型。

6.2.5 二进制类型

BINARY/VARBINARY/BLOB 在 Python 中通常映射为 bytes 类型的数据。

6.2.6 特殊类型（特定数据库支持的类型）

PostgreSQL 中的 ARRAY 类型映射为 Python 的 list 或 tuple。

PostgreSQL 中的 JSON/JSONB 类型会解析为 Python 的 dict（通过 json 模块或数据库驱动的自动转换）。

地理类型（PostGIS）映射为定制的 Python 对象或 GeoJSON 的字典结构。

6.3 关系型数据库操作示例

表 6-4 为一张示例交易记录表，本节以 SQLite 为例，展示如何让 AI 生成相应数据库操作代码。

表 6-4 交易记录表

交易者 ID	股票代码	交易量（股）	交易价格（元）	交易时间
T001	600519	50	1183.00	2023-12-01 09:30
T002	000651	100	36.10	2023-12-01 09:35
T003	00700	200	430.50	2023-12-01 09:40
T001	600519	30	1185.00	2023-12-01 09:45
T004	005930	80	59.20	2023-12-01 09:50
T002	000651	150	36.50	2023-12-01 09:55
T003	00700	120	432.00	2023-12-01 10:00
T001	600519	70	1190.00	2023-12-01 10:05
T005	300750	90	210.00	2023-12-01 10:10
T004	005930	160	59.80	2023-12-01 10:15

提问：

生成 SQLite 代码，对下面输入的交易记录表实现创建、插入、查询、更新记录、删除记录、优化查询等操作。

……

通义千问：

以下是如何在关系数据库中实现和操作所述股票交易记录表的示例，使用的是流行的关系数据库管理系统：SQLite。这里包括了创建表、插入数据、查询数据、更新和删除记录的操作。

1．（1）首先，需要定义和创建一个数据库表来存储交易数据：

>_ 创建数据库表语句

```
CREATE TABLE Trades (
    TraderID VARCHAR(10),
    StockCode VARCHAR(10),
    Volume INT,
    Price DECIMAL(10, 2),
    TradeTime DATETIME
);
```

（2）插入数据：

接下来，向 Trades 表中插入示例数据：

>_ 插入数据语句

```
INSERT INTO Trades (TraderID, StockCode, Volume, Price, TradeTime)
VALUES
    ('T001', '600519', 50, 1183.00, '2023-12-01 09:30'),
    ('T002', '000651', 100, 36.10, '2023-12-01 09:35'),
    ('T003', '00700', 200, 430.50, '2023-12-01 09:40'),
    ('T001', '600519', 30, 1185.00, '2023-12-01 09:45'),
    ('T004', '005930', 80, 59.20, '2023-12-01 09:50'),
    ('T002', '000651', 150, 36.50, '2023-12-01 09:55'),
    ('T003', '00700', 120, 432.00, '2023-12-01 10:00'),
    ('T001', '600519', 70, 1190.00, '2023-12-01 10:05'),
    ('T005', '300750', 90, 210.00, '2023-12-01 10:10'),
    ('T004', '005930', 160, 59.80, '2023-12-01 10:15');
```

（3）查询数据：

执行一些基本的查询来检索数据：

查询所有记录：

>_ 查询数据语句

```
SELECT * FROM Trades;
```

查询特定股票的所有交易：

>_ 查询特定股票的所有交易语句
SELECT * FROM Trades WHERE StockCode = '600519';

计算特定股票的平均交易价格：
>_ 计算特定股票的平均交易价格语句
SELECT AVG(Price) AS AveragePrice FROM Trades WHERE StockCode = '600519';

(4) 更新记录：
假设需要更新某个交易者的一条交易记录：
>_ 更新记录语句
UPDATE Trades
SET Volume = 60, Price = 1187.00
WHERE TraderID = 'T001' AND StockCode = '600519' AND TradeTime = '2023-12-01 09:30';

(5) 删除记录：
如果需要删除某条交易记录：
>_ 删除记录语句
DELETE FROM Trades
WHERE TraderID = 'T001' AND StockCode = '600519' AND TradeTime = '2023-12-01 09:30';

(6) 使用索引优化查询：
为了提高查询效率，可以为经常查询的列创建索引，如 StockCode 和 TraderID：
>_ 优化查询语句
CREATE INDEX idx_stockcode ON Trades (StockCode);
CREATE INDEX idx_traderid ON Trades (TraderID);

以上操作展示了如何在关系数据库中管理和操作股票交易数据，包括创建表、插入数据、执行查询、更新和删除数据记录，以及创建索引以优化查询性能。这些是量化交易系统中数据处理的基本步骤。

6.4 非关系型数据库

关系型数据库在传统应用场景中的表现一直很优秀，但是随着技术的发展，开发者所要面对的数据规模越来越大，对于高并发访问和非结构化数据处理的需求也越来越多。关系型数据库在扩展性、固定架构限制以及读写性能上的短板使得其很难处理这些新增需求，这就是非关系型数据库的设计初衷。

非关系型数据库通常也被称为 NoSQL 数据库。关系型数据库依靠预定义的模式来组织数据，数据存储在表格中，表格间通过关系进行连接。而非关系型数据库不强制使用固定的模式，数据结构更加灵活，能够在没有预先定义数据结构的前提下无缝地存储结构化、半结构化乃至非结构化的数据。常见的非关系型数据库有几种不同的类型，每种类型都针对特定的数据需求和应用场景进行了优化。

6.4.1 键值型数据库

键值型数据库是最简单的 NoSQL 数据库类型，它的结构基于一种非常直观的数据模型——每个数据项都被存储为一个键值对，每个键都是唯一的，任何给定的键都对应一个特定的值。数据库可以通过直接使用键来快速定位和访问其对应的值，所以它的数据检索速度非常快。

以一个量化交易系统中的实时行情数据存储为例，在该系统中需要对全球多个交易所、多个交易品种的实时行情进行快速读取与更新，以便在毫秒级别对行情变化进行分析和决策，此时键值型数据库就可以作为核心的行情缓存层使用。在此应用场景中，我们以标识符为键，将整个行情记录序列化并作为值进行存储。当交易系统需要获取某一个特定交易品种在特定时刻的报价信息时，只需根据对应的键就能瞬时完成检索，实现毫秒级的高频数据访问。

假设这个键值数据库的键为"< 交易所代码 >_< 交易品种代码 >",值为当前该品种的最新行情信息,且有三个元素存在于键值存储中,它们以键值对的方式呈现,并且每个值都已经被序列化为一个结构化数据单元(表 6-5)。

表 6-5 键值型数据库案例

键	字段	数据
NYSE_AAPL	last_price	182.50
	bid_price	182.45
	ask_price	182.55
	volume	1,352,000
	timestamp	1691203892000
CME_ESZ4	last_price	4578.25
	bid_price	4578.00
	ask_price	4578.50
	volume	820,000
	timestamp	1691203892000
HKEX_700	last_price	402.20
	bid_price	402.15
	ask_price	402.25
	volume	952,000
	timestamp	1691203892000

在查询时,无论是正在执行高频策略、统计套利还是对冲操作,通过在键值存储中直接根据键进行查询都能够以极低的延迟获取到完整的行情信息。

键所对应的值是一个结构化数据单元,它可以是 JSON、二进制序列化对象或其他自定义格式。值在概念上类似于一个包含若干字段的对象或字典,开发者在使用时常以 JSON 或者类似 KV(键-值)对的层级结构加以表示。然而,在数据库内部这段值可能被存储成一个二进制大对象(Binary Large Object,BLOB),或者是通过某种序列化/反序列化机制来实现数据的读写。换句话说，这里的"值"更多的是一个"数据记录"或"对象序列化结果"，而不是使用某种固定的底层结构来存储值内部的字段信息。

在数据库层面，键的查找通常以哈希、树或者其他索引结构进行快速定位，但这主要是针对键，而不是值内部字段的结构管理。值可以是任意格式的对象、JSON 文档、二进制序列化数据流。数据库本身不会深入理解这些值的内部结构，也不一定需要对其进行哈希划分，它们对于数据库而言只是一段无结构的数据。

6.4.2 文档型数据库

文档型数据库的核心单位是"文档"，这是一个自包含的数据单位。与键值型数据库的键值对类似，文档会被分配一个唯一的键，这个键用于索引和访问文档。但不同于键值对数据库，文档内部可以包含嵌套文档和数组这种复杂的数据结构。下面以一个实际的例子进行说明。

在一个电商类的文档型数据库中，某产品文档的数据结构如下所示：

```jason
{
  "product_id": "12345",
  "name": "智能手机",
  "price": 2999,
  "specs": {
    "cpu": "Snapdragon 888",
    "memory": "8GB",
    "storage": "128GB"
  },
  "categories": ["电子产品", "智能手机", "移动设备"],
  "availability": true
}
```

文档中的"product_id"字段具有唯一值"12345"，用于唯一标识每个产品文档，那么它就是这个文档的主键。整个 JSON 对象代表一个产品的完整记录，每个字段存储了产品的特定属性：

(1) "name"：

产品名称，类型为字符串。

(2) "price"：

产品价格，类型为数字。

(3) "specs"：

规格，这是一个嵌套的文档（或称子文档），包含了更详细的产品规格信息。

① "cpu"：中央处理器型号，类型为字符串。

② "memory"：内存大小，类型为字符串。

③ "storage"：存储空间大小，类型为字符串。

(4) "categories"：

产品分类，类型为字符串数组，每个元素代表产品所属的一个分类。

(5) "availability"：

产品的可用性，类型为布尔值，表示该产品是否可供购买。

在不修改整个数据库模式的情况下，我们可以单独为特定产品添加或修改属性，这是传统关系型数据库所不具备的灵活性。

6.4.3 列式数据库

在关系型数据库中，数据以"行"为单位进行存储，每一条记录（Record）是一行（Row），而每一行中包含了该条记录所有列（Columns）的值。

假设有一张股票价格历史数据表 stock_prices，其结构如下：

```
stock_prices
--------------
    date            （日期）
    symbol          （股票代码）
    open_price      （开盘价）
    high_price      （最高价）
    low_price       （最低价）
    close_price     （收盘价）
    volume          （交易量）
```

那么在行式存储中，一条记录的内容就是下面这样的形式。

```
(date, symbol, open_price, high_price, low_price, close_price, volume)
("2024-12-01", "AAPL", 175.50, 178.20, 174.80, 177.60, 3,200,000)
```

整个表以行为基本单位连续存储在磁盘或内存中，在物理存储层面按照行的顺序来排列数据。从行式数据库中检索数据时，一旦确定了满足条件的行指针，数据库便能快速地将该行的所有列值读出。这对于"点查询"（针对特定主键的一条或少量记录查询）和插入整条记录的场景很高效，但是遇到需要聚合统计、分析查询的场景（比如需要对某些列进行大规模聚合运算时），行式存储的效率就跟不上了。这些分析查询可能只需要表中的少数列数据，但是行式存储会将整行的数据读入内存，导致大量无用数据的读取和处理。

列式数据库则反其道而行之，它以"列"为数据存储的基本单位，将同一列的所有数据连续存储在一起。很显然，这一列的数据具有相同类型、相同分布，这样在进行列相关分析时，能够最小化 I/O，显著提高查询效率。依然以上面的股票价格历史数据为例，在列式存储的状态下其结构形式如下：

```
date:        date1,  date2,  date3,  date4, ...
symbol:      sym1,   sym2,   sym3,   sym4,  ...
open_price:  p1,     p2,     p3,     p4,    ...
high_price:  h1,     h2,     h3,     h4,    ...
low_price:   l1,     l2,     l3,     l4,    ...
close_price: c1,     c2,     c3,     c4,    ...
volume:      v1,     v2,     v3,     v4,    ...
```

每一列的数据都会被打包存储，比如列压缩技术（因为同一列的数据类型相同、值域相近，易于压缩），从而大大减少存储空间和提高查询速度。查询时如果只需要 close_price 列，数据库就可以直接跳过其他不相关的列文件或数据块，只读取 close_price 列的数据。

6.4.4 图数据库

对比其他数据库，图数据库有着极为特殊的数据结构。它使用"图（Graph）"作为基本数据模型，在图模型中，数据主要由节点（Nodes）和边（Edges）两大类要素构成。

节点代表实体（对象、事物），比如一只股票、一家上市公司、一个产业园区或是宏观经济指标。每个节点都拥有一组属性（键值形式），好比股票节点的属性：symbol="AAPL",market="NASDAQ"，industry="Technology" 等。

边则代表实体之间的关系（关系本身也是一类数据），类似于"控股""供应""合作""竞争"等关系。边同样可以有属性，边的属性用以描述关系的性质或强度，比如 holding_percentage = 30% 表示 A 公司对 B 公司有 30% 的股权控制。整个图模型的数据结构是由大量的节点和边构成的图网络，图数据库会将节点与边以内部优化的图存储结构保存在磁盘和内存中，并通过索引和高效的图遍历算法来支持查询。

6.5 非关系型数据库的数据类型与 Python 映射

非关系型数据库由于没有统一的模式和结构,其数据类型和存储格式差异更大。在使用 Python 与 NoSQL 数据库交互时,通常使用相应的官方或第三方驱动程序,这些驱动程序会将数据库中的数据结构转换为 Python 中常见的内置数据结构。以下是几类典型的 NoSQL 数据库。

6.5.1 键值型数据库

以 Redis 为例,Redis 原生的数据类型包括字符串(String)、哈希(Hash)、列表(List)、集合(Set)、有序集合(Sorted Set)、Bitmap、HyperLogLog、Stream 等。Redis 的结构是键值存储,即所有数据最终映射为 Python 基本类型(string、list、dict、set)或简单的复合对象(通过对多次 redis 操作组合来实现)。

在 Python 中使用 redis-py 库时,字符串在 Redis 中是文本或二进制安全的字符串,在 Python 中通常对应 str 或 bytes。

Hash 在 Redis 是键值对的集合,在 Python 中通常操作为 dict(get 时返回字典)。

List 在 Redis 中是双向链表结构,在 Python 操作中通常以 list 进行处理,读写时驱动根据命令返回相应的列表数据。

Set、Sorted Set 也映射为 Python 的 set 或有序结构的 list,但通常为无序或排序后的列表,通过驱动命令获取数据。

6.5.2 文档型数据库

以 MongoDB 为例,MongoDB 使用 BSON(二进制 JSON)格式存储文档,它

支持的数据类型包括字符串、整型、长整型、双精度浮点、布尔、日期、嵌套文档、数组、ObjectId、二进制数据等。由于 MongoDB 的结构非常灵活,当数据读取到 Python 端时,会以原生 Python 数据结构(字典、列表和基本类型)呈现,非常直观。在 Python 中使用 pymongo 时,MongoDB 文档映射为 Python 的 dict 对象,文档的字段值会映射为对应的 Python 基本类型:

BSON 的字符串类型直接映射为 Python 中的 str 类型,比如 {"name":"Alice"} 在使用 pymongo 查询后,这个字段会被映射为一个 Python 字符串 "Alice";

BSON 的整数类型包括 int32 和 int64,这两种类型在 Python 中均映射为 int。这是因为 Python3 之后的 int 类型没有固定的大小限制,能够处理任意大小的整数。比如 MongoDB 文档 {"age":30} 在 Python 中会被映射为 {'age':30};

BSON 的浮点数映射为 Python 的 float 类型,比如 MongoDB 文档 {"price":19.99} 在 Python 中会被映射为 {'price':19.99}。

BSON 的日期类型映射为 Python 的 datetime.datetime 对象,如果 MongoDB 存储的日期为 {"created_at":ISODate("2022-07-01T12:00:00Z")},在 Python 中会被映射为 {'created_at':datetime.datetime(2022,7,1,12,0)};

BSON 的布尔类型映射为 Python 的 bool 类型,比如 {"is_active":true} 在 Python 中会被映射为 {'is_active':True}。

BSON 的数组类型映射为 Python 的 list 类型,比如 {"tags":["python","coding","database"]} 在 Python 中会被映射为 {'tags':['python','coding','database']}。

BSON 的嵌套文档映射为 Python 中的嵌套 dict,比如 {"address":{"city":"Beijing","country":"CN"}} 在 Python 中会被映射为 {'address':{'city':'Beijing','country':'CN'}}。

BSON 的 ObjectId 类型映射为 Python 的 bson.objectid.ObjectId 类实例,比如 {"_id":ObjectId("507f191e810c19729de860ea")} 在 Python 中会被映射为 {'_id':bson.objectid.ObjectId('507f191e810c19729de860ea')}。

6.5.3 列式数据库

以 Cassandra 和 HBase 为例。列式存储不严格依赖固定结构，对于 Cassandra 而言有多种数据类型，就像 text，int，float，decimal，uuid，timestamp，blob，boolean 等。

使用 Python 的 cassandra-driver 访问 Cassandra 时，数据会自动转换为对应的 Python 基本类型：

text → str：文本数据在 Cassandra 中以 text 类型存储，对应到 Python 的字符串类型。

int → int：整数值映射为 Python 的整数类型。

float → float：浮点数在 Cassandra 中存储为 float 类型，映射为 Python 的浮点数。

timestamp → datetime.datetime：用于存储日期和时间，映射到 Python 的 datetime 对象。

uuid → uuid.UUID：UUID 类型用于存储全局唯一标识符，映射为 Python 的 UUID 对象。

blob → bytes：用于存储二进制数据，映射为 Python 的字节类型。

集合类型（list，set，map）→ list，set，dict：Cassandra 的集合数据类型映射为 Python 的相应集合类型。

HBase 通过 Thrift 或 Phoenix（SQL 层）访问时可将列族下的键值映射为 bytes 或字符串，在 Python 中往往通过相应驱动映射为 str、int、float 等基本类型，需手动处理类型转换。

6.5.4 图数据库

以 Neo4j 为例,Neo4j 的原生数据类型包括节点(Node)、关系(Relationship)、路径(Path)、属性(Property)等。节点和关系是核心的结构,节点可以包含多个属性,关系同样可以包含属性并且总是有方向,路径则是由节点和关系组成的序列。在 Python 中使用 neo4j-driver 库与 Neo4j 交互时,不同数据类型的映射如下:

节点:在 Neo4j 中,节点代表实体,在 Python 中通常被映射为一个对象或者字典,这个对象或字典包含了节点的属性。

关系:关系代表节点之间的连接,它具有类型和方向,以及可能的属性。关系在 Python 中通常映射为一个具有属性的字典,其中包括关系的类型和指向的节点。

路径:路径是由节点和关系组成的复杂结构,表示从一个节点到另一个节点的一系列关系。在 Python 中,路径可以被映射为节点和关系对象的列表,每个节点和关系都作为一个字典存在。

属性:属性是附加在节点或关系上的键值对,键是字符串,而值可以是字符串、数值、布尔值等。在 Python 中,属性通常直接映射为字典中的键值对。

6.6 非关系型数据库操作示例

6.6.1 键值型数据库

提问：

请以 Redis 为例，生成键值型数据库的各项操作代码，包含安装启动以及各项操作。

通义千问：

Redis 是一种高性能的键值存储数据库，常用于缓存、消息队列、应用程序的快速状态存储等场景。Redis 支持多种数据类型，包括字符串、列表、集合、散列、有序集合等。下面将介绍如何使用 Redis 来实现基本的键值操作。

(1) 安装和启用 Redis：

首先，确保您的系统中安装了 Redis。您可以从 Redis 官网下载安装包或通过包管理器安装。安装完成后，可以通过以下命令启动 Redis 服务器：

>_ 启动 Redis 服务器

```
redis-server
```

(2) 使用 Redis 命令行界面：

启动 Redis 服务后，可以通过 Redis 命令行界面与其交互：

>_ 交互代码

```
redis-cli
```

(3) 基本操作：

设置键值对

>_ 设置字符串值

```
SET stock:600519 1183.00
```

这里 stock:600519 是键，1183.00 是与之关联的值。

获取键值对

>_ 获取字符串值
GET stock:600519

如果键存在,此命令将返回相应的值。
删除键值对
>_ 删除键
DEL stock:600519

删除指定的键和其对应的值。
检查键是否存在
>_ 检查键
EXISTS stock:600519

如果键存在,返回 1;否则返回 0。
(4)列表操作:
Redis 的列表是简单的字符串列表,按照插入顺序排序。
>_ 从列表左侧添加元素
LPUSH mylist value1

>_ 从列表右侧读取元素
RPUSH mylist value2

>_ 从列表中获取元素
LRANGE mylist 0 -1

这会返回列表中的所有元素。
(5)散列操作:
散列是键值对集合。
>_ 向散列添加键值对
HSET myhash field1 value1

>_ 获取散列的某个字段的值
HGET myhash field1

>_ 获取散列的所有字段和值
HGETALL myhash

(6) 集合操作:
集合是不重复元素的无序集合。
>_ 添加元素到集合
SADD myset element1

>_ 获取集合中的所有元素
SMEMBERS myset

>_ 检查元素是否在集合中
SISMEMBER myset element1

(7) 有序集合操作:
有序集合是不重复元素的集合,但每个元素关联一个浮点数分数,Redis 正是通过分数来为集合中的元素进行从小到大的排序。
>_ 添加元素到有序集合
ZADD myzset 1 element1

>_ 获取有序集合的所有元素
ZRANGE myzset 0 -1 WITHSCORES

(8) 关闭连接:
>_ 退出 Redis 命令行界面
quit

这些基本操作展示了如何在 Redis 中处理不同类型的数据结构,适用于多种应用场景,从简单的缓存到复杂的数据结构存储。Redis 的高性能和灵活性使其成为现代应用架构中不可或缺的组成部分。

6.6.2 文档型数据库操作代码

提问：

请以 MongoDB 为例，生成文档型数据库的各项操作代码，包含安装启动以及各项操作。

通义千问：

MongoDB 是一种流行的文档型数据库，它使用类似 JSON 的 BSON 格式来存储数据，使得数据结构在必要时可以不同于其他文档。这使 MongoDB 非常适合存储异构数据模型和进行快速开发。下面是如何使用 MongoDB 实现文档型数据库的基本操作：

(1) 安装 MongoDB：

首先确保安装了 MongoDB。您可以从 MongoDB 的官方网站下载适合您操作系统的版本。安装后，启动 MongoDB 服务。

(2) 使用 MongoDBShell：

MongoDB 提供了一个命令行工具（mongoshell），用于与数据库交互。启动 MongoDB 服务后，您可以通过运行 mongo 命令来启动 shell。

(3) 创建和选择数据库：

在 MongoDB 中，您可以通过简单地切换到一个不存在的数据库来创建它，如果数据库不存在，MongoDB 会在您第一次存储数据时创建它。

>_ 创建数据库
```
use quantTradingDB
```

这条命令会切换到 quantTradingDB 数据库，如果不存在则准备创建。

(4) 创建集合和插入文档：

MongoDB 存储 BSON 文档，即"键-值"对的集合，在 MongoDB 中这些文档组织在集合中。

>_ 创建集合并插入文档
```
db.trades.insertOne({
    "TraderID": "T001",
    "StockCode": "600519",
    "Volume": 50,
    "Price": 1183.00,
```

```
    "TradeTime": new Date("2023-12-01T09:30:00Z")
});
```

这将在 trades 集合中插入一个文档。如果集合不存在，MongoDB 会自动创建它。

(5) 查询文档：

>_ 查询集合中的所有文档

```
db.trades.find({})
```

>_ 查询具体条件的文档

```
db.trades.find({"TraderID": "T001"})
```

(6) 更新文档：

您可以更新一个或多个文档中的字段。

>_ 更新单个文档

```
db.trades.updateOne(
    { "TraderID": "T001" },
    { $set: { "Price": 1200 } }
)
```

这将更新第一个找到的 TraderID 为 T001 的文档的价格字段。

(7) 删除文档：

>_ 删除一个文档

```
db.trades.deleteOne({"TraderID": "T001"})
```

这将删除第一个匹配到的 TraderID 为 T001 的文档。

(8) 创建索引：

为了提高查询效率，可以在常用查询字段上创建索引。

>_ 创建升序索引

```
db.trades.createIndex({"TraderID": 1})
```

这将在 TraderID 字段上创建一个升序索引。

(9) 聚合操作：

MongoDB 提供强大的聚合框架用于执行复杂的数据管道转换和分析。

>_ 简单聚合示例
db.trades.aggregate([
    { $match: {"TraderID": "T001"} },
    { $group: { "_id": "$StockCode", "TotalVolume": { $sum: "$Volume" } } }
])

这将计算每种股票的总交易量,仅计算 TraderID 为 T001 的交易。

(10) 关闭连接:

在 MongoDB Shell 中,您可以直接退出来结束对话:

>_ 退出
quit()

这些基本操作示例涵盖了 MongoDB 的核心功能,包括文档的插入、查询、更新、删除、索引创建和数据聚合。MongoDB 的灵活性和强大的查询能力使其非常适合用于处理大量复杂的、结构化或非结构化的数据集。

6.6.3 列式数据库操作代码

提问:

请以 Cassandra 为例,生成列式数据库的各项操作代码,包含安装启动以及各项操作。

通义千问:

Cassandra 是一种高性能、分布式的列式存储 NoSQL 数据库,设计用于处理大规模数据 across many commodity servers, providing high availability with no single point of failure. Cassandra 特别适合于处理大量的写操作,非常适用于需要大规模数据分布和快速无缝故障恢复的应用场景。

以下是如何使用 Cassandra 来实现列式数据库的基本操作:

(1) 安装 Cassandra:

首先确保安装了 Cassandra。您可以从官方网站下载安装包。安装并配置好环境后，启动 Cassandra 服务。

（2）使用 CQLSH：

Cassandra 附带了一个名为 cqlsh 的命令行工具，这是一个 Python-based 的 CLI 工具，用于与 Cassandra 交互。启动该工具输入：

>_ 启动

cqlsh

（3）创建键空间：

在 Cassandra 中，键空间是最顶层的数据容器，类似于传统关系数据库中的"数据库"。

>_ 创建 quantTrading 键空间

```
CREATE KEYSPACE quantTrading WITH replication = {
    'class': 'SimpleStrategy',
    'replication_factor' : 3
};
```

这个命令创建了一个名为 quantTrading 的键空间，并使用简单的复制策略，复制因子为 3。

（4）创建表：

在键空间内，您可以创建表来存储数据。

>_ 创建 trades 表

```
USE quantTrading;

CREATE TABLE trades (
    trader_id text,
    stock_code text,
    volume int,
    price decimal,
    trade_time timestamp,
    PRIMARY KEY (trader_id, trade_time)
);
```

此处定义了一个 trades 表，其中 trader_id 和 trade_time 组成了复合主键。

(5) 插入数据：

向表中插入数据使用 INSERT 命令。

>_ 插入数据语句

```
INSERT INTO trades (trader_id, stock_code, volume, price, trade_time)
    VALUES ('T001', '600519', 50, 1183.00, '2023-12-01 09:30+0000');
```

(6) 查询数据：

查询数据可以使用 SELECT 命令。

>_ 查询数据语句

```
SELECT * FROM trades WHERE trader_id = 'T001';
```

(7) 更新数据：

更新表中的数据，可以指定条件来更新特定的记录。

>_ 更新数据语句

```
UPDATE trades SET price = 1190.00 WHERE trader_id = 'T001' AND trade_time = '2023-12-01 09:30+0000';
```

(8) 删除数据：

删除数据可以使用 DELETE 命令。

>_ 删除数据语句

```
DELETE FROM trades WHERE trader_id = 'T001' AND trade_time = '2023-12-01 09:30+0000';
```

(9) 创建索引：

如果你经常需要按非主键列查询，可以创建索引以提高查询性能。

>_ 创建索引语句

```
CREATE INDEX ON trades (stock_code);
```

(10) 删除表和键空间：

如果需要删除表或键空间，可以使用 DROP 命令。

>_ 删除语句

```
DROP TABLE trades;
```

```
DROP KEYSPACE quantTrading;
```

退出 cqlsh

>_ 退出语句

```
exit
```

通过以上步骤,您可以在 Cassandra 中执行基本的数据库操作,这些操作包括创建键空间、表、插入和查询数据、更新和删除数据,以及创建索引和删除结构。Cassandra 适用于需要高吞吐量和可扩展性的应用程序,尤其是在分布式系统中。

6.6.4 图形数据库操作代码

提问:

请以 Neo4j 为例,生成图形数据库的各项操作代码,包含安装启动以及各项操作。

通义千问:

Neo4j 是一个高性能的图形数据库,支持复杂和富有表现力的查询语言 Cypher,专门设计来处理与图相关的数据和查询。这种数据库非常适合于处理与关系密切相关的数据,如社交网络、推荐系统、欺诈检测等。

(1)安装 Neo4j:

首先,您需要安装 Neo4j。可以从 Neo4j 官网下载社区版或者购买企业版。安装并启动 Neo4j 后,通常可以通过浏览器访问 Neo4j 的 Web 界面。

(2)启用和配置:

启用 Neo4j 后,通常需要设置用户名和密码。默认的访问端口是 7474,您可以通过 http://localhost:7474 访问 Neo4j 的浏览器界面。

(3)创建节点和关系:

在图数据库中,数据结构由节点(Node)和边(Relationship)构成。这里使用 Cypher 查询语言来操作数据。

>_ 创建节点

```
CREATE (n:Trader {id: "T001", name: "John Doe"})
CREATE (n:Stock {code: "600519", name: "Moutai"})
```

这里创建了两个节点,一个表示交易者,一个表示股票。

>_ 创建关系

```
MATCH (a:Trader {id: "T001"}), (b:Stock {code: "600519"})
CREATE (a)-[r:TRADES]->(b)
```

这条命令在 Trader 和 Stock 之间建立了一个 TRADES 的关系。

(4) 查询数据:

Cypher 提供了强大的查询功能,能够执行复杂的图形操作和模式匹配。

>_ 查询所有交易者

```
MATCH (t:Trader) RETURN t
```

>_ 查询特定交易者的交易

```
MATCH (t:Trader {id: "T001"})-[:TRADES]->(s:Stock) RETURN t, s
```

(5) 更新数据:

更新节点的属性可以使用 SET 关键字。

>_ 更新节点属性

```
MATCH (t:Trader {id: "T001"})
SET t.name = "Jane Doe"
```

(6) 删除数据:

删除节点和关系也很简单,但要注意,通常需要先删除关系。

>_ 删除关系

```
MATCH (t:Trader {id: "T001"})-[r:TRADES]->(s:Stock)
DELETE r
```

>_ 删除节点

```
MATCH (t:Trader {id: "T001"})
DELETE t
```

(7) 索引创建：

为了提高查询性能，可以为经常查询的属性创建索引。

>_ 创建索引

```
CREATE INDEX ON :Trader(id)
```

(8) 批量插入数据：

处理大量数据时，可以使用 UNWIND 语句批量插入数据。

>_ 插入数据

```
UNWIND [{id: "T002", name: "Alice"}, {id: "T003", name: "Bob"}] AS props
CREATE (n:Trader) SET n = props
```

(9) 高级查询：

Cypher 支持高级查询，如查找最短路径、执行复杂的模式匹配等。

>_ 查找两个节点间的最短路径

```
MATCH p = shortestPath(
  (t1:Trader {id: "T001"})-[*]-(t2:Trader {id: "T003"})
)
RETURN p
```

(10) 退出：

退出 Neo4j 浏览器界面只需关闭浏览器标签即可。

通过这些基本步骤，您可以在 Neo4j 中创建、查询、更新和删除图形数据。Neo4j 的 Cypher 查询语言为处理复杂的图数据提供了强大的工具，非常适合需要密集关系数据处理的应用场景。

第 7 章
数据预处理

　　数据预处理所要做的事情,一方面是将原始数据中有问题的部分识别出来,然后选择合适的处理方式让它们变得"无害";另一方面则是把数据变得更规整、更有重点,让后续的算法能够更加有效地从数据中学习规律。

7.1 数据常见问题

为了设计和验证策略,我们需要收集大量的数据。价格(收盘价、开盘价、最高价、最低价)、成交量、盘口数据(Level 2 行情)、基本面信息(财报、财务指标)、宏观数据(利率、通胀率)、舆情数据(新闻文本、社交媒体情绪),这些结构化以及非结构化的数据来源多样,格式不统一,采样频率各异,在收集和存储环节中难免会产生各种质量问题。如果直接对原始数据进行分析或建模,那么必然会产生很大的风险。

表 7-1 是某只股票在一段时间内的日频数据示例,本章就以这组数据为例,展示各种问题数据的预处理方法。

表 7-1 示例交易数据

日期	时区	开盘价(元)	最低价(元)	收盘价(元)	成交量(股)	基本面比率	绪因子
2024-04-01	UTC	100.5	99.8	100.8	1500000	12.3	0.5
2024-04-02	UTC	101.0	100.5	101.7		13.1	0.6
2024-04-04	Asia/Shanghai	101.8	101.0	102.9	9999999999	14.0	0.55
2024-04-05	Asia/Shanghai	102.5	102.0	103.5	2000000	NaN	0.48
04/06/2024	Asia/Shanghai	103.0	50.0	102.2	1800000	15.2	0.60
2024-04-08	UTC	90.0	89.0	105.0	2500000	14.7	0.62
2024-04-08	UTC	105.0	104.5	105.5	3000000	14.9	0.59
2024-04-09	UTC	104.0	103.5	-10.0	5000000		0.58
2024-04-11	Asia/Shanghai	106.2	105.5	106.0	2200000	16.0	0.63
2024-04-12	Asia/Shanghai	107.0	106.5	108.5	-999	16.5	0.66

7.2 处理缺失值

使用 Python 预处理数据可以通过 Pandas 库来实现。针对缺失值,最简单的办法是直接删除含有缺失值的行或者列。这种处理方式简单粗暴,缺点也显而易见——删除后的数据必然会损失某一项特征,或者缺失某一条数据。为了尽可能地保留原始数据的初始结构,更加温和的办法是采用某种算法在缺失值的位置填充一个推测数值。

7.2.1 删除含有缺失值的行或列

删除含有缺失值的行或列可以通过 dropna() 方法来实现,它的参数 axis 决定删除的是行还是列。

```
import pandas as pd

# 示例 DataFrame
df = pd.DataFrame({
    'A': [1, 2, None, 4],
    'B': [None, 2, 3, 4],
    'C': [1, None, None, 4]
})

# 删除含有缺失值的行
df_cleaned = df.dropna()

# 删除含有缺失值的列
df_cleaned_columns = df.dropna(axis=1)
```

7.2.2 填充缺失值

填充缺失值主要通过 fillna() 方法来实现。填充的内容有很多选择，简单一点，可以直接填入固定值或者使用前、后向的值来填充，也可以用均值、中位数和众数来这些统计值填充。

```
# 用固定值填充
df_filled = df.fillna(0)

# 用前一个值填充
df_filled_forward = df.fillna(method='ffill')

# 用后一个值填充
df_filled_backward = df.fillna(method='bfill')

# 使用均值填充
df_filled_mean = df.fillna(df.mean())

# 使用中位数填充
df_filled_median = df.fillna(df.median())

# 使用众数填充
df_filled_mode = df.fillna(df.mode().iloc[0])
```

7.2.3 缺失值处理实例

如果遇到时间序列数据，或者是需要在两个有序数据点之间估计值的情形，那么可以使用 interpolate() 方法进行插值填充。

```
# 线性插值
df_interpolated = df.interpolate(method='linear')
```

也有更加复杂的填充办法,比如使用机器学习算法来预测缺失值。一般情况下只要缺失值不对模型训练造成负面影响即可,只有在对填充值的要求很高时才会考虑使用机器学习来解决。

7.2.4 缺失值处理实例

提问:

我将输入给你一个表格,内容是某只股票在一段时间内的日频数据,请你编写 Python 代码解决其中缺失值的问题。

请将数据处理为 CSV 格式,且不同的缺失位置要采取合适的填充策略,表格如下:

……

通义千问:

下面的示例代码展示了使用 Python(pandas 库)对给定数据进行读入、缺失值处理的完整过程。该过程包括:

(1) 将原始数据粘贴成 CSV 格式并使用 pandas 读取。

(2) 对日期列进行格式化处理,确保混合日期格式(如 2024-04-01 和 04/06/2024)能够正确解析。

(3) 检测并展示缺失值的位置。

(4) 对缺失值进行填补示例。

(5) 展示处理后的数据。

下面的代码仅是示范,实际填补策略需要根据业务逻辑和数据特性来选择。

>_ 示例数据(粘贴为 CSV 字符串形式)

日期,时区,开盘价(元),最高价(元),最低价(元),收盘价(元),成交量(股),基本面比率,情绪因子

2024-04-01,UTC,100.5,101.2,99.8,100.8,1500000,12.3,0.5

```
2024-04-02,UTC,101.0,102.5,100.5,101.7,,13.1,0.6
2024-04-04,Asia/Shanghai,101.8,103.0,101.0,102.9,9999999999,14.0,0.55
2024-04-05,Asia/Shanghai,102.5,104.0,102.0,103.5,2000000,NaN,0.48
04/06/2024,Asia/Shanghai,103.0,103.0,50.0,102.2,1800000,15.2,0.60
2024-04-08,UTC,90.0,105.5,89.0,105.0,2500000,14.7,0.62
2024-04-08,UTC,105.0,106.0,104.5,105.5,3000000,14.9,0.59
2024-04-09,UTC,104.0,108.0,103.5,-10.0,5000000,,0.58
2024-04-11,Asia/Shanghai,106.2,NaN,105.5,106.0,2200000,16.0,0.63
2024-04-12,Asia/Shanghai,107.0,109.0,106.5,108.5,-999,16.5,0.66
```

代码示例

>_ 填充缺失值

（代码部分省略）

7.3 处理异常值

异常值指的是在所收集或处理的数据中，一些与大部分数据分布格格不入的值。这些数据点往往远离正常数据范围，显著偏离大多数样本特征的记录。它们可能来自传感器故障、数据录入错误、网络传输延迟、极端罕见事件或是非典型性行为导致的观测值。无论原因如何，这些偏离常态的数据点通常会对后续的数据分析、建模和决策产生负面影响。

7.3.1 检测异常值

统计规则判断是比较常用的异常值检测方法，即利用均值和标准差来判断异常值，比如将超过均值 ±3 倍标准差的点视为异常值。

```
import numpy as np
mean = df['col'].mean()
std = df['col'].std()
# 判断哪些值为异常值
outliers = df[(df['col'] < mean - 3*std) | (df['col'] > mean + 3*std)]
```

除了统计规则判断之外也可以用分位数与 IQR 法，使用四分位数（Q1、Q3）和四分位距 IQR=Q3-Q1，将低于 Q1-1.5IQR 或高于 Q3+1.5IQR 的点视为异常值。

```
Q1 = df['col'].quantile(0.25)
Q3 = df['col'].quantile(0.75)
IQR = Q3 - Q1
```

```
outliers = df[(df['col'] < Q1 - 1.5*IQR) | (df['col'] > Q3 + 1.5*IQR)]
```

如果想要用机器学习来解决问题，那么可以使用基于密度的检测方法（DBSCAN）、孤立森林（Isolation Forest）、一类支持向量机（One-Class SVM）这些模型自动识别异常点。当然，将数据生成箱线图、直方图或散点图，然后人工来判断也是可以的，只不过在效率与准确度方面就无法保证了。

7.3.2 异常值处理方法

如果异常值是明显的错误数据，或者出现的概率极小，那么可以选择直接删除异常值。这种处理办法还有一个前提，那就是数据量必须足够大且异常值比例不高。

```
df = df[~((df['col'] < Q1 - 1.5*IQR) | (df['col'] > Q3 + 1.5*IQR))]
```

对于超限的异常值，可以使用 scipy 中的 mstats.winsorize 函数将超过上下限的值用上下限值代替，保留数据点数量但限制其影响范围。这种处理方法叫作截尾处理（Winsorization）。

```
from scipy.stats.mstats import winsorize
df['col_winsorized'] = winsorize(df['col'], limits=[0.01, 0.01]) # 截掉上下各1%
```

通过对数变换、Box-Cox 变换或 Yeo-Johnson 变换，将数据分布拉近正态，也能够减少异常值的影响。

```
df['col_log'] = np.log1p(df['col'] - df['col'].min() + 1)
```

也可以直接使用 clip 方法，把超过一定分位数（如 95 分位数）的值限制在该分位数上。

```
upper_limit = df['col'].quantile(0.95)
lower_limit = df['col'].quantile(0.05)
df['col_capped'] = df['col'].clip(lower=lower_limit, upper=upper_limit)
```

使用稳健标度变换同样能降低异常值的影响，sklearn.preprocessing.RobustScaler 能够基于中位数和 IQR 进行缩放，使之对异常值不敏感。

```
from sklearn.preprocessing import RobustScaler
rs = RobustScaler()
df['col_scaled'] = rs.fit_transform(df[['col']])
```

在选择处理方法时可以参考下面的建议：

如果数据量较大且异常值明显为错误数据（如手工输入错误）可直接删除；如果数据属于正常分布但有少量极端值，可使用 IQR-based 过滤或截尾处理；数据分布有长尾分布倾向，可尝试对数变换或 Yeo-Johnson 变换；对模型敏感性较高的数据集，可使用稳健标度或使用异常检测算法自动筛除异常值。

7.3.3 异常值处理实例

将上一节经过缺失值处理的数据发送给 AI，让其继续处理其中的异常值。

提问:

我将输入给你一些 CSV 字符串形式的数据,内容是某只股票在一段时间内的日频数据,请你编写 Python 代码识别其中的异常值,并使用合适的方法处理这些异常值:

……

通义千问:

下面的示例代码将展示如何对给定的 CSV 数据进行基本的异常值识别和处理。这里我们将演示以下步骤:

(1)将文本形式的 CSV 字符串转为 `StringIO` 对象方便 pandas 读取。

(2)对数值列进行异常值检测(例如使用 IQR 方法)并对异常值进行修正(例如用中位数替代)。

(3)演示对明显不合理的值(如负数的收盘价、极度异常的大成交量)进行专门处理。

用户可根据实际需要选择更复杂或更严谨的异常处理策略(如根据业务逻辑限定价格和成交量范围、使用更复杂的异常检测算法、对不同列使用不同的异常值定义等)。

>_ 异常值识别与处理

(代码部分省略)

7.4 对齐时区与日期格式

量化交易使用的数据经常会出现时区不一致以及日期格式不一致的问题，比如本章的数据示例中，2024-04-05 之后的日期为 YYYY-MM-DD 格式，但 04/06/2024 这一行使用 MM/DD/YYYY 格式，并且有的行是使用的 UTC，而有的行使用的是 Asia/Shanghai。我们需要将这些内容进行统一整理与换算。

提问：

我将输入给你一些 CSV 字符串形式的数据，内容是某只股票在一段时间内的日频数据，请你编写 Python 代码整理其中的日期格式，并将时区统一换算为 Asia/Shanghai：

……

通义千问：

下面的代码示例展示如何对给定 CSV 数据进行以下操作：

（1）读取数据并解析日期列，其中日期格式不统一（既有 YYYY-MM-DD 格式，也有 MM/DD/YYYY 格式）。

（2）根据时区列将日期时间本地化为对应的时区（UTC 或者 Asia/Shanghai）。

（3）将所有时间统一转换为 Asia/Shanghai 时区。

（4）最终使用统一的日期格式（例如 YYYY-MM-DD）输出。

说明：

数据本身是日频数据，仅有日期无具体时间。在实际中，日频数据的时区转换并不总是有实际意义（因为日期本身没有时间点信息），但如果我们假设这些日期代表各自时区下的某个默认时间（如每日 00:00），那么我们就可以在技术上进行时区本地化与转换。

这里假设原始数据中的日期在各自时区的 "0 点" 或 " 交易日结束点 "。我们将日期先解析为无时区的本地时间，再根据时区列进行本地化，然后统一转为 Asia/Shanghai 时区。

为了简化，我们假设所有日期在本地时区的零点时刻（00:00:00）。实际应用中请根据业务逻辑决定时间点（例如交易结束时间）。

>_ 日期时区切换

（代码部分省略）

7.5 数据的归一化与标准化

将数据进行归一化/标准化处理是为了确保模型在数值空间中"公平"对待各个特征。不同特征的数据往往来自完全不同的度量体系，有些特征是价格数据，以元为单位，可能动辄高达上百或上千；有些特征是无量纲的因子值，通常围绕 0 到 1 的区间浮动；还有些特征可能是成交量数据，以股为计量单位，数值可以轻松达到数百万甚至上亿的数量级。

这种分布在数值级别上的巨大差异会给后续的建模带来很多潜在的问题，如果将这些不在同一数量级上的特征一起输入一个模型（无论是线性回归还是深度神经网络）时，模型的优化器会因为某些特征的量纲过大而在参数空间中面临"陡峭的高原"或"深谷"，导致模型的梯度下降过程不稳定、不易收敛。简单来说，当某一列特征值普遍在百万级别而其他特征仅在个位数水平时，模型在更新权重参数时会更倾向于围绕那些数值较大的特征进行剧烈调整，从而使部分特征在迭代初期就获得过高的关注度或影响力，而其他特征的信号则被淹没在数量级差异之中。

假如后续要使用如距离度量、度量相似度等基于欧式空间距离的分析手段，那就更加需要统一度量标准。如果特征 A 的值都在 1000 上下波动，而特征 B 的变化范围只有 0 到 1，那在计算两条样本向量的距离时，特征 A 的变化将完全主导这个距离指标，特征 B 的细微差别将近乎微不足道。

归一化/标准化可以为各个特征提供一个"公平的起跑线"，让它们的数值在同一个数量级上，从而在模型优化和距离度量上为所有特征赋予相对均衡的影响力，确保下游环节在面对特征数据时不会受到不必要的数量级差异干扰。

7.5.1 算法实现

归一化也叫作 Min-Max 归一化、极差变换，它的原理是通过对特征列减去该列的最小值，然后除以该列的范围（最大值减去最小值），将所有特征值映射到 [0,1] 区间。除了编写 NumPy 代码完成这一变换外，也可以直接使用 scikit-learn 中的 MinMaxScaler。

先对训练数据调用 fit 方法计算最小值与最大值，再对训练数据与测试数据调用 transform 方法进行缩放。这样，未来来临的测试数据在经过同一 Scaler 对象的变换后，也会保持与训练数据相同的归一化标准，确保一致性和数据的可比性。代码示例如下。

```python
import pandas as pd
from sklearn.preprocessing import MinMaxScaler

# 假设 df 是一个包含多列数值特征的 DataFrame
train_df = df.sample(frac=0.8, random_state=42)
test_df = df.drop(train_df.index)

scaler = MinMaxScaler(feature_range=(0, 1))
scaler.fit(train_df)
# 利用训练数据计算每个特征列的最小值与最大值
train_scaled = scaler.transform(train_df)
test_scaled = scaler.transform(test_df)

train_scaled_df = pd.DataFrame(train_scaled, columns=train_df.columns, index=train_df.index)
test_scaled_df = pd.DataFrame(test_scaled, columns=test_df.columns, index=test_df.index)
```

标准化又叫作 Z-score 标准化，它将特征值通过减去特征列均值、除以特征列标准差的方式映射为具有均值 0、方差 1 的分布。通过 Z-score 标准化同样可以消除特征的量纲影响，使得各特征在同样的数量级范围内，从而增强特征之间的公平性，加快模型参数收敛，使训练过程更加稳定。在 Python 中，使用 scikit-learn 中的 StandardScaler 即可轻松实现。

```python
from sklearn.preprocessing import StandardScaler
scaler = StandardScaler()
scaler.fit(train_df)
# 利用训练数据计算每列的均值与标准差
train_scaled = scaler.transform(train_df)
test_scaled = scaler.transform(test_df)
train_scaled_df = pd.DataFrame(train_scaled, columns=train_df.columns, index=train_df.index)
test_scaled_df = pd.DataFrame(test_scaled, columns=test_df.columns, index=test_df.index)
```

7.5.2 归一化数据处理实例

提问：

我将输入一些 CSV 字符串形式的数据，内容是某只股票在一段时间内的日频数据，请你编写 Python 代码对数据进行归一化处理：

……

通义千问：

下面的代码示例展示了如何使用 Python 对给定的 CSV 字符串数据进行读取、日期解析和 Min-Max 归一化处理。我们将使用 scikit-learn 中的 MinMaxScaler 对除日期和时区外的数值列（开盘价、最高价、最低价、收盘价、成交量、基本面比率、情绪因子）进行归一化。

>_ 数据的归一化处理

（代码部分省略）

第 4 部分
量化交易常用算法实践

本部分是一个综合性的内容部分,我们将把重点放在如何使用生成式 AI 来对量化交易的需求进行算法实现与模型训练上。

第 8 章
监督学习在量化交易中的应用

监督学习是经典的一类机器学习算法,也比较符合人们对于"学习"的直观定义。通过对训练集数据的学习,监督学习模型能够执行回归以及分类这两种类型的任务。也可以换种说法,训练好的模型能够进行连续预测或者离散预测。

8.1 线性回归与正则化回归

8.1.1 线性回归模型的数学原理与实现

构建线性回归（Linear Regression）模型的目的是用线性函数来近似描述目标变量（如未来收益率）与特征（如价格、因子值）之间的关系。简单而言，给定一组输入特征 $x_1, x_2, ..., x_p$ 以及对应的输出，线性回归假设它们满足如下关系：

$$y \approx \beta_0 + \beta_1 x_1 + \beta_2 x_2 + ... + \beta_p x_p \quad (8-1)$$

其中，$\beta_0, \beta_1, ..., \beta_p$ 为待求的模型参数。

参数估计比较经典的方法是"最小二乘法"（Ordinary Least Squares, OLS）。最小二乘法的出发点是找到能最小化预测值与真实值差平方和的参数集。假设有样本点 (x_i, y_i)，那么对于每个样本 i，模型给出的预测值为 $\hat{y}_i = \beta_0 + \sum_{j=1}^{p} \beta_j x_{ij}$。我们希望最小化以下损失函数：

$$\text{RSS}(\beta) = \sum_{i=1}^{n}(y_i - \hat{y}_i)^2 = \sum_{i=1}^{n}\left(y_i - \beta_0 - \sum_{j=1}^{p} \beta_j x_{ij}\right)^2 \quad (8-2)$$

通过对 β 求偏导并设为零，可以得到一组线性方程，从而求解出参数估计值 $\hat{\beta}$ 如果特征数量不多且矩阵可逆，则该问题有显式解，参数可以用标准公式解决。

然而，实际量化场景中我们往往面对的是高维数据和复杂的特征体系。当特征数较多，且存在高度相关特征（多重共线性）时，参数估计就不再稳定，模型很可能产生过拟合，即在历史数据上表现极好，但对未来数据预测不佳。这就引出了正则化回归。

8.1.2 正则化回归

正则化的思想是在传统回归损失函数中添加对模型复杂度的约束项,减少模型对某些特征的过度依赖,从而提升模型的泛化能力。两种最常用的正则化方法是岭回归(Ridge Regression)和套索回归(Lasso Regression)。

岭回归也可以叫作 L2 正则化,它在损失函数中加入了 L2 惩罚项 $\lambda \sum_{j=1}^{p} \beta_j^2$,其中 λ 是正则化强度的超参数。岭回归会将回归系数朝向零收缩,但不会将任何系数严格降为零,以此来减小参数方差,缓解多重共线性问题,提高模型在测试集上的稳健性。加入惩罚项之后的损失函数变为:

下面是各类损失函数的具体形式:

$$\text{RSS}_{\text{Lasso}}(\beta) = \sum_{i=1}^{n}\left(y_i - \beta_0 - \sum_{j=1}^{p}\beta_j x_{ij}\right)^2 + \lambda\sum_{j=1}^{p}\beta_j^2 \qquad (8\text{-}3)$$

套索回归则是 L1 正则化,它在损失函数中加入了 L1 惩罚项 $\lambda \sum_{j=1}^{p}|\beta_j|$。套索回归会鼓励系数的稀疏性,即将一些不重要的特征参数缩小到恰好为零,从而达到特征选择的效果,这在因子众多、数据维度高的量化研究中是非常实用的。加入惩罚项之后的损失函数变为:

$$\text{RSS}_{\text{Lasso}}(\beta) = \sum_{i=1}^{n}\left(y_i - \beta_0 - \sum_{j=1}^{p}\beta_j x_{ij}\right)^2 + \lambda\sum_{j=1}^{p}|\beta_j| \qquad (8\text{-}4)$$

偏差和方差是评估机器学习模型质量的两个基本维度,当模型过于复杂、参数过多而数据量不足时,很容易出现过拟合,即方差过大,模型在新数据上的预测极不稳定。正则化可以通过限制参数自由度来降低方差,从而增强模型对未见数据的泛化能力。但是如果正则化程度过高,模型会变得过于简单,无法准确刻画数据的真实结构,导致偏差增大。

在量化交易领域,策略过拟合是一项极大的隐患——一个在历史数据上表现优异的模型可能只是"记住"了特定时期的随机噪声,而未捕捉到稳健的市场规律。

借助正则化能够在偏差-方差的平衡点上找到较优解，使得策略在未来的真实市场环境中更有机会维持合理而稳定的表现。

而 λ 超参数的选择则决定了正则化回归能否在偏差和方差间找到这个平衡点。当 $\lambda=0$ 时，模型退化为普通线性回归；而当 λ 过大时，模型则过于简单，会产生欠拟合问题。一般来说，λ 的合理取值要通过交叉验证（特别是时间序列交叉验证）的方式来确定。

在实践中是无法事先知道哪个 λ 能实现最优的偏差-方差平衡的，所以通常会设定一系列不同的 λ 值（例如一组从小到大的数值），对每个 λ 训练一个正则化回归模型，并使用交叉验证来评估这些模型在验证集上的预测性能。

对于每个候选 λ，训练时就已经将正则化项（L1 或 L2 项）加入了损失函数中，并求解得到相应的模型参数。此时的损失函数计算（包括正则化项）和参数求解是同步进行的，也就是说，一旦指定了 λ，模型的训练过程就会使用包含该 λ 值的正则化项来计算损失、更新参数。完成一系列 λ 的训练与验证后，根据验证集的预测误差指标（如 MSE、MAE 或针对量化策略的特定绩效指标）选出表现最好的 λ。这个 λ 就被认为是在偏差-方差间取得较优平衡的点。确定最优 λ 后，通常会在全部训练数据上重新训练（求解）一次模型的参数（仍然使用该 λ 值）。这个最终训练过程同样是通过正则化回归的损失函数进行参数估计，只不过这次使用的是已经确定的最佳 λ。

8.1.3 使用线性回归预测收益率

线性回归在量化策略开发中经常用于预测未来几天的股票收益率。下面假设一个场景——构建一组因子（如基本面因子、技术指标因子、行业因子），并利用这些因子预测未来 5 日的收益率。

这个需求比较复杂，想要让 AI 来实现的话就必须将其进一步拆解，将完整的需求分割为不同的实现步骤，通过数次的迭代将 AI 的输出整合为完整的实现。下面是与 AI 沟通后，它所整理出的实现步骤。

首先指定这个假定场景的具体情况，AI 需要生成 10 只股票在 100 个交易日内的数据，特征包括基本面因子（市盈率 PE）、技术因子（动量 Momentum_5d：过去 5 日收益率）、交易因子（成交量变化率 Volume_Change_Rate）以及行业哑变量因子（2 个行业，使用 One-Hot 编码：Industry_1，Industry_2）。目标是预测未来 5 日累计收益率 Future_5d_Return。将这些历史股票数据整理为特征－目标对，对所有股票和时间点进行汇总后，即得到训练样本集。

其次是程序实现，示例需要通过套索回归进行特征选择，并使用交叉验证选择正则化强度 λ。根据预测值对股票进行多空策略的模拟构建，并简单评估策略表现（这里仅用累计收益曲线做展示）。代码的实现步骤如下：

第一，构造拟真的数据集。

第二，拆分数据为训练集和测试集，并对特征进行标准化。

第三，使用 LassoCV 进行正则化强度选择和模型训练。

第四，分析 Lasso 回归系数，筛选出重要因子。

第五，使用模型对测试集数据进行预测，并根据预测值构建简单的多空策略。

第六，对策略进行基本评估（绘制累计收益曲线）。

将生成框架与步骤有序的交给 AI，最终的生成结果如下所示。

```python
import numpy as np
import pandas as pd
from sklearn.linear_model import LassoCV
from sklearn.preprocessing import StandardScaler
import matplotlib.pyplot as plt

# 设置随机种子
np.random.seed(42)
```

```python
# 假设我们有10只股票，代码为 'Stock_0', ..., 'Stock_9'
stock_list = [f"Stock_{i}" for i in range(10)]

# 假设我们有100个交易日的数据
dates = pd.date_range(start="2020-01-01", periods=100, freq='B')  # 仅选用工作日

# 构建模拟数据集
# 因子包括：
# 1. 基本面因子：PE（市盈率）
# 2. 技术因子：Momentum_5d（过去5日收益率）
# 3. 交易因子：Volume_Change_Rate（成交量变化率）
# 4. 行业因子（假设有两个行业，一半股票属于行业1，一半属于行业2）

num_stocks = len(stock_list)
num_days = len(dates)

# 随机生成基础数据
PE = np.random.uniform(5, 40, size=(num_days, num_stocks))
# 假设PE在5-40之间
Momentum_5d = np.random.normal(0, 0.02, size=(num_days, num_stocks))  # 过去5日收益率分布
Volume_Change_Rate = np.random.normal(0, 0.1, size=(num_days, num_stocks))  # 成交量变化率
# 行业分类，一半股票是行业1，一半行业2
industry_labels = np.array([0 if i < num_stocks/2 else 1 for i in range(num_stocks)])
Industry_1 = np.zeros((num_days, num_stocks))
Industry_2 = np.zeros((num_days, num_stocks))
for i in range(num_stocks):
    if industry_labels[i] == 0:
        Industry_1[:, i] = 1
```

```python
        else:
            Industry_2[:, i] = 1


# 构建未来 5 日收益率目标值：Future_5d_Return
# 假设真实的股票日收益服从一定分布，然后未来 5 日收益是过去模拟而来
daily_returns = np.random.normal(0, 0.01, size=(num_days+5, num_stocks))
# 未来 5 日累积收益率
Future_5d_Return = []
for t in range(num_days):
    # t 日可用特征预测 t+1 到 t+5 日的收益
    future_ret = (daily_returns[t+1:t+6, :] + 1).prod(axis=0) - 1
    Future_5d_Return.append(future_ret)
Future_5d_Return = np.array(Future_5d_Return)

# 将数据整合到 DataFrame 中
data_dict = {}
for i, stock in enumerate(stock_list):
    df_temp = pd.DataFrame({
        'date': dates,
        'stock': stock,
        'PE': PE[:, i],
        'Momentum_5d': Momentum_5d[:, i],
        'Volume_Change_Rate': Volume_Change_Rate[:, i],
        'Industry_1': Industry_1[:, i],
        'Industry_2': Industry_2[:, i],
        'Future_5d_Return': Future_5d_Return[:, i]
    })
    data_dict[stock] = df_temp
df = pd.concat(data_dict.values(), ignore_index=True).sort_values(['date','stock'])
df.reset_index(drop=True, inplace=True)
```

```python
# 去掉最开始的几天,因为要有过去5日动量,这里已假设Momentum_5d为给定数据,不需要滞后处理
# 若真实情况需计算动量,需要从数据中先行计算,可能要移除前5日数据。
# 这里不做额外处理。

# 准备特征和目标
features = ['PE', 'Momentum_5d', 'Volume_Change_Rate', 'Industry_1', 'Industry_2']
X = df[features].values
y = df['Future_5d_Return'].values

# 简单划分训练集和测试集:前80%日期为训练,后20%为测试
train_size = int(num_days * 0.8) * num_stocks
X_train, X_test = X[:train_size], X[train_size:]
y_train, y_test = y[:train_size], y[train_size:]

# 特征标准化
scaler = StandardScaler()
X_train_scaled = scaler.fit_transform(X_train)
X_test_scaled = scaler.transform(X_test)

# 使用LassoCV进行正则化回归与交叉验证选择正则化强度
# LassoCV会自动进行交叉验证选择lambda
lasso_model = LassoCV(cv=5, random_state=42)
lasso_model.fit(X_train_scaled, y_train)

print("选择的最佳正则化强度(alpha):", lasso_model.alpha_)

# 查看Lasso回归系数
coef = lasso_model.coef_
coef_series = pd.Series(coef, index=features)
print("Lasso回归系数:")
print(coef_series)
```

```python
# 找出非零系数对应的因子（重要因子）
important_factors = coef_series[coef_series != 0].index.tolist()
print("重要因子（非零系数）: ", important_factors)

# 在测试集上进行预测
y_pred = lasso_model.predict(X_test_scaled)

# 构建简单的多空策略
test_df = df.iloc[train_size:].copy()
test_df['pred_return'] = y_pred

# 每个交易日，对股票进行排名
# 简化处理：对每个日期的数据排序，选取排名前20%为多头，后20%为空头

unique_dates_test = test_df['date'].unique()
long_ratio = 0.2
short_ratio = 0.2

daily_pnl = []
for d in unique_dates_test:
    day_data = test_df[test_df['date'] == d].copy()
    if len(day_data) == 0:
        continue

    # 按预测值排序
    day_data = day_data.sort_values('pred_return', ascending=False)
    n = len(day_data)
    n_long = int(n * long_ratio)
    n_short = int(n * short_ratio)

    long_stocks = day_data.iloc[:n_long]
    short_stocks = day_data.iloc[-n_short:]
```

```python
    # 实际未来5日收益尚未发生，此处假设每天结束后根据预测值调仓
    # 简化为：使用Future_5d_Return当天的值来模拟一天的策略收益（实
# 际需要回测框架更复杂）
    # 这里由于数据构造方式，我们没有逐日回测的逻辑，仅演示
    # 实际中应滚动预测，滚动计算真实收益
    # 为演示，假设Future_5d_Return为下一期收益，策略当日持仓并产#
生对应收益
    # 这里仅示意，不代表真实回测流程。

    # 对于演示，仅以当天的Future_5d_Return作为策略日收益估计的近#
似（不严谨）
    # 实务中要用未来5天的实际收益进行回测，这里是简单化处理。
    long_ret = long_stocks['Future_5d_Return'].mean() if n_long > 0 
else 0
    short_ret = short_stocks['Future_5d_Return'].mean() if n_short 
> 0 else 0
    # 多头赚long_ret，空头赚(-short_ret)（因为空头收益在标的下跌#
时赚钱）
    daily_return = long_ret - short_ret
    daily_pnl.append(daily_return)

# 累计收益曲线
cumulative_pnl = np.cumsum(daily_pnl)

# 绘制策略累计收益曲线
plt.figure(figsize=(10,6))
plt.plot(unique_dates_test, cumulative_pnl, marker='o', label='策
略累计收益')
plt.title("多空策略示例累计收益曲线", fontproperties='SimHei')
plt.xlabel("日期", fontproperties='SimHei')
plt.ylabel("累计收益", fontproperties='SimHei')
plt.xticks(rotation=45)
plt.grid(True)
```

```
plt.legend(prop={'family':'SimHei'})
plt.tight_layout()
plt.show()
```

所绘制的累计收益曲线图如图 8-1 所示。

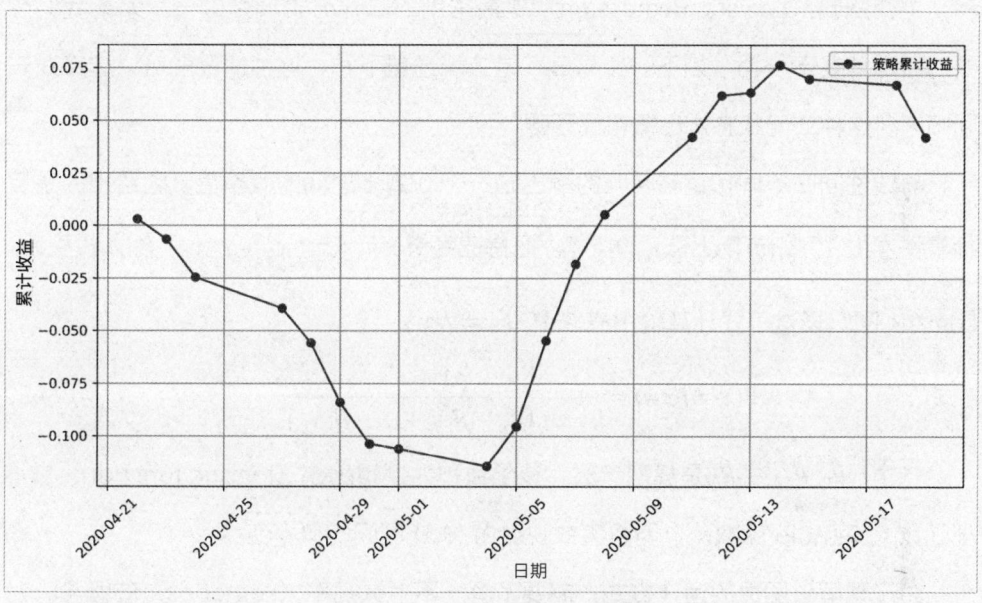

图 8-1 多空策略示例累计收益曲线

8.2 逻辑回归与分类模型

8.2.1 逻辑回归的基本原理

逻辑回归（Logistic Regression）是最常用的二元分类模型之一。如果我们想要判断市场在下一期（如下一交易日）是上涨还是下跌，这种情况就可以选择逻辑回归来对这种二元状态做出概率性预测。

与线性回归不同，逻辑回归的输出是一个 0 到 1 之间的概率值，它给出的是目标事件发生（例如市场上涨）的概率。把特征变量 $x = (x_1, x_2, \ldots, x_p)$ 输入模型后，Logistic 回归通过下式计算输出概率 $P(y=1|x)$：

$$P(y=1|x) = \frac{1}{1+e^{-(\beta_0+\beta_1 x_1+\ldots+\beta_p x_p)}} \quad (8-5)$$

其中，$\beta_0, \beta_1, \ldots, \beta_p$ 是模型参数。该函数称为逻辑函数（logistic function）或 S 型函数（sigmoid 函数），能将实数映射为 (0,1) 区间的概率值。

为了理解该函数的运作方式，需要了解一下对数几率（Log-odds）的概念。对数几率是概率转化为线性函数的中间步骤。如果记事件发生的概率为 P，不发生的概率为 $1-P$，则对数几率定义为：

$$\log\left(\frac{P}{1-P}\right) = \beta_0 + \beta_1 x_1 + \ldots + \beta_p x_p \quad (8-6)$$

可以看出，逻辑回归实际上是对对数几率进行线性建模，而非对概率本身直接线性建模。通过这种方式，线性模型映射到对数几率空间，从而保证预测值始终在 0 与 1 之间。

8.2.2 参数估计与最大似然估计

逻辑回归的参数求解方法不再是最小二乘法，而是最大似然估计（Maximum Likelihood Estimation, MLE）。在二元分类中，每个样本 (x_i, y_i) 的概率分布可以用伯努利分布表示，其中 $y_i \in \{0,1\}$。给定参数 β，样本的似然函数为：

$$L(\beta) = \prod_{i=1}^{n} P(y_i | x_i; \beta) \tag{8-7}$$

通过数值优化方法（如梯度下降或拟牛顿法），寻找使对数似然函数 $e(\beta)$ 最大的参数 $\hat{\beta}$，确保估计的参数使已知数据下观测结果出现的概率最大。

一旦训练出模型参数，就可以通过参数值和特征标度来理解各特征的重要性。与线性回归一样，若将特征标准化或归一化后，参数 β_j 的绝对值越大，对对数几率的影响越强，也就说明该特征对分类决策的影响更大。另外也可以通过对特征进行单独扰动、观察预测概率变化，或使用 L1 正则化将部分特征参数缩小至零，从而实现特征选择和重要因子提取。将概率写出并对数化，得到对数似然函数：

$$e(\beta) = \sum_{i=1}^{n} \left[y_i \log P(y_i = 1 | x_i) + (1 - y_i) \log (1 - P(y_i = 1 | x_i)) \right] \tag{8-8}$$

8.2.3 使用逻辑回归预测大盘指数涨跌概率

在量化策略研究中，有很多场景需要对市场状态进行分类判断。例如在每日收盘后预测下一交易日市场大盘指数上涨（1）或下跌（0）的概率，然后根据该概率决定持仓与否。这就是一种典型的二元分类任务。

面对这样的需求时，我们先总结出基本的作业流程：

（1）数据准备：

从历史数据中选择适合的特征作为输入，比如使用前 N 日的价格变化率、成交量变化率、技术指标（如 RSI、MACD）、市场情绪指标（如新闻情感得分）等作为特征，将这些特征在时间上对齐后，标签 y_i 可以设置为明日涨跌方向：若明日收盘价高于今日，则 $y_i=1$；否则 $y_i=0$。

（2）模型训练：

使用历史数据训练逻辑回归模型，通过最大似然估计求出参数。同时可以利用交叉验证或基于时间序列的回溯验证来评估模型对未见数据的预测能力，并调节正则化强度以缓解过拟合。

（3）概率预测与决策规则：

在预测阶段，将当前日特征值输入训练好的模型，得到明日市场上涨的概率。如果，则表示该模型预计市场有更大概率上涨。

根据这一概率可以设定一个简单的策略决策规则，比如：

若，策略为多头持仓（买入或持有指数基金/ETF）；

若，策略持币观望或持空头头寸（如卖出或持有反向 ETF）。

可根据策略需求自行调整阈值（不一定是 0.5），如果是偏向保守的策略，那么可以要求当才会入场，这样能够提高胜率。

（4）回测策略表现：

将该概率预测模型与简单的择时策略相结合，对历史数据进行回测。在每个交易日收盘后，根据模型预测下一日的上涨概率，决定第二天的持仓状态。将这些每日决策串联起来生成策略收益曲线，再与基准（如持有指数）进行比较。回测可以帮助我们了解策略的长期表现，包括收益率、夏普比率、最大回撤等，也可以检验策略在不同市场环境下的稳健性，如牛市、熊市、震荡市的表现是否一致。

若模型预测性能不佳，则可以尝试引入更多特征（因子）、改进特征工程、应用正则化手段或者切换更复杂的分类模型（如随机森林、XGBoost 等）。同时，通过特征重要度分析，可以剔除无效特征，聚焦对市场方向最有预测力的因子，进一步提高策略可解释性与实用性。

接下来就可以模仿上一节的操作方式，将整个作业流程输入 AI，让 AI 将其拆解为更加详细的实现描述以及代码实现模块与步骤，然后逐步构建出完整的程序实现。

8.3 决策树与随机森林

8.3.1 决策树的构建流程与特征选取标准

决策树（Decision Tree）是最直观的机器学习模型之一，其核心是通过一系列特征的判断条件，将数据集逐步划分成更纯净的子集，从而达到预测目标（回归或分类）的目的。

构建一棵决策树需要从整个训练集开始，然后在每一步挑选一个特征及对应的分裂点，将样本分成两个或多个子节点。通过不断分裂，最终得到一棵以特征条件为分裂标准的树状结构。在回归问题中，叶节点往往是该叶子对应数据点目标值的均值，以此作为预测值。分裂过程持续到达到停止条件，例如树的深度达到上限、叶节点样本数过少或者无法进一步有效降低误差。

为了选出最有价值的特征分裂点，决策树需要一个衡量指标。分类任务常用熵或 Gini 指数来衡量纯度提升，而回归任务中则要使用方差减少（Variance Reduction）作为指标。是否选定一个特征作为分裂点的标准在于，在该特征的某个阈值切分后，能否使子节点的"预测误差"或"纯度度量"得到显著提高。

在回归场景下，寻找最优特征分裂点的过程可理解为：选定某一特征和某个分割值，将数据点分为左右两侧，若这种分割能最大限度地减少叶节点的均方误差（MSE），则该特征和分裂点便是本轮分裂的最佳选择。通过重复该过程，决策树自底向上寻找更佳的拟合方式。

决策树容易对训练数据中噪声或异常点产生过强的拟合，即深度过大、叶节点过少时，树可能记住了训练集特有的波动特征，而在新数据上表现不佳。为了解决这一问题，需要在构建树时设定最大深度（max_depth）、最小叶节点样本数（min_samples_leaf）或通过后剪枝（Pruning）技术降低过拟合风险。

8.3.2 随机森林

随机森林（Random Forest）是将集成学习的思想应用在决策树上的一个典型例子。其基本原理是同时训练多棵决策树，并通过对这些树的预测结果取平均或投票，从而得到最终预测值。

随机森林训练每棵树时都会使用 Bootstrap 抽样（有放回抽样）从原始数据集获得一个与训练集同等大小但部分样本重复的子集（Bootstrap 样本）。在每次分裂节点时，仅从特征集中随机抽取一小部分特征候选进行分裂点选择。这两种随机化（样本随机和特征随机）能够确保每棵树对数据与特征有不同的偏好，从而使各棵树的错误不完全重叠。

通过集成多棵有差异的树，随机森林可以弱化单棵决策树的过拟合问题。即便其中某些树拟合得不够好，整体投票/平均的过程也能抵消掉部分误差和偏差，使最终模型对新数据的泛化能力更强。

8.3.3 更复杂的收益率预测

随机森林不仅擅长高维数据处理，还能自动量化特征重要度（Feature Importance），有助于理解哪些因子对收益预测最关键。8.1 的内容中使用线性回归模型来预测收益率只适合特征较少的情况，而随机森林不仅能处理成百上千个特征，对捕捉非线性关系也同样擅长。

同样先来总结做流程，假设有一个股票池，这一次我们把股票的数量提升至上百只，每只股票的每个时间点需要提取的特征包括过去 N 日收益率、成交量变化、基本面指标、市值、行业分类、宏观经济指标等等。将未来 5 日的收益率作为预测目标值。所需要获取的训练集包括特征矩阵 X 和目标向量 Y。

（1）模型训练与预测：

在获取训练数据（无论是通过公开数据集、数据抓取，还是模拟数据）后，使用随机森林对这些已知特征与历史收益的样本进行训练。一旦模型训练完成,就能在给定日期下,基于各只股票的特征向量预测其未来的潜在收益率。

随机森林的优势在于,它无须对因子事先进行烦琐的筛选与加工,模型在训练过程中会自然倾向于那些预测能力更强的特征。随机森林还能捕捉多维度因子间的非线性与交互关系,对特征分布和尺度变化不敏感,即使在高维特征空间中依然能高效工作。

(2) 构建多空组合策略:

在回测阶段,我们将训练好的随机森林模型应用于未来某个特定日期的数据,通过模型预测每只股票在接下来一段时间的收益率,然后根据预测值对所有股票进行排序:

买入预测收益率最高的一小部分股票,构成多头组合;

卖空预测收益率最低的一小部分股票,构成空头组合(若市场机制允许卖空)。

这样一来便形成了一个多空策略,尝试在未来市场波动中获取相对收益,而不只是简单地多头押注某类资产。

(3) 回测策略表现:

将该策略在历史数据上进行回测,观察组合在不同年份、不同市场环境下的绩效,包括年化收益率、夏普比率、最大回撤及各类风险指标。与简单的线性模型或单一因子策略相比,随机森林模型能更好地捕捉复杂的因子关联与市场结构变化,从而在更广泛的市场情境下实现稳定的超额回报。

(4) 模型解释与特征重要度分析:

随机森林还能输出特征重要度信息,解释哪些因子在预测未来收益方面最具价值。通过这一分析,我们可筛选出关键因子,减少特征冗余,提高策略的可解释性与稳健性。当市场环境变化时,还能定期重训模型,以调整对特征重要度的判断和相应策略决策,从而适应不断演变的市场条件。

第 9 章
无监督学习在量化交易中的应用

无监督学习不需要对训练数据进行详细的标注,它所聚焦的是数据本身所含有的特性,从无序的状态中总结出数据内在的秩序。

9.1 K 均值聚类

9.1.1 K 均值算法的基本原理

K 均值聚类（K-means）是一种经典的无监督学习算法，目的是将数据点分配到 K 个群组（Cluster）中，使得同一群组内的数据点在特征空间中尽可能接近，而不同群组之间尽可能分离。聚类算法不依赖预先标注的标签，而是纯粹基于数据自身的特征相似度来划分集群。

数学上，K 均值聚类通过迭代优化的方式寻找一组质心（Centroid），质心是聚类中每个群组的中心点。给定预先指定的群组数量 K，算法主要流程如下：

（1）初始化 K 个质心：

一般是从数据集中随机选取 K 个样本作为初始质心，也可以使用 K-means++ 等改进算法来优化初始质心的选择，后者可以减少陷入局部最优的概率。

（2）分配样本到最近质心的群组：

计算数据集中的每个样本点与各个质心之间的距离（欧式距离，也可根据需求使用曼哈顿距离或余弦相似度等度量）。将该样本分配给距离最近的质心所在的群组。

（3）更新质心位置：

在完成所有样本的分配后，对每个群组中的点求均值，将该均值点的位置作为新质心。这一步的意义是将群组的"中心"更新到该群组样本分布的平均位置。

（4）重复分配和更新过程：

不断循环分配样本与更新质心的过程，直到质心位置不再有显著变化，或者达到设定的最大迭代次数为止。

通过上述步骤的迭代，K 均值算法会尝试最小化所有数据点与其所分配质心之间的平方误差和（Within-Cluster Sum of Squares）。在理想情况下算法最终会收敛，即质心的更新不再显著改变群组划分。

9.1.2 距离度量与收敛性问题

K 均值所使用的距离度量一般优先选择欧式距离。欧式距离衡量的是点与点之间的直线距离，对于数值特征较为直观。如果特征存在不同量纲或数量级，则可能导致某些维度主导距离计算，因此在进行 K 均值之前需要对数据进行标准化（如 Z-score 标准化或 Min-Max 归一化）。

收敛性方面，K 均值不保证一定找到全局最优解，最终结果会依赖初始质心的选择和样本分布的特点。为此，实际应用中通常会多次运行 K 均值，并在不同随机初始条件下比较结果，或者使用 K-means++ 初始化策略来提高聚类质量与加快收敛速度。

9.1.3 K 的选择方法

K（聚类个数）的选择是 K 均值中的一个难点。由于无监督学习中没有明显的标签参考，所以需要借助一些指标来判断聚类数量的合理性。

比较常用的方法是"肘部法"（Elbow Method），将 K 从较小的值开始逐步增加，每次聚类完成后计算聚类内误差和。当 K 增大时，群内差异会减少，但在某个点之后，误差和的下降幅度显著放缓，呈现出肘部形态。该拐点对应的 K 值通常被视为较好的聚类数目选择。除此之外，也可以选择轮廓系数（Silhouette Score）作为指标，通过衡量聚类的紧凑度和分离度来为选择合适的 K 提供参考。

9.1.4 使用 K 均值算法进行聚类划分

本节我们来讲一个 K 均值算法在大宗商品市场的应用案例。在这个市场中，各类商品（如原油、黄金、铜、农产品等）的价格驱动因素各不相同，但又存在潜在的关联结构。通过 K 均值聚类能够从多维特征中提炼出商品间的潜在分层，进而优化投资组合和风险控制措施。

在数据与特征选择方面，假设选择了若干种大宗商品（如 WTI 原油、布伦特原油、COMEX 黄金、LME 铜、大豆、小麦等）进行分析。为每种商品收集一段时期内的多维数据特征，包括：

第一，基本面因素：产量、库存量、进出口数据、供需缺口情况。

第二，宏观与金融因素：美元指数、利率水平、地缘政治风险指标、CFTC 持仓数据。

第三，市场特征：价格波动率、价量动量因子、期现价差、交易量变化率。

先让 AI 生成模拟数据，将这些特征经过归一化与清洗后，便可用多维特征向量来描述每种商品的"特征画像"。然后将所有商品的特征向量输入 K 均值聚类模型，通过尝试不同的 K 值并使用如肘部法或轮廓系数判断，将商品划分成若干群组。

在实际应用中，一旦商品聚类完成，就可以基于群组进行多元化配置。比如在能源与工业金属价格同时面临下行压力时，也许贵金属群组可以提供一定对冲；在农产品市场受季节性供给冲击时，来自另一个群组的资产可能相对独立，从而降低整体组合的波动。

接下来把大致的需求输入给 AI，迭代多次后得到完整的模块设计与实现步骤：

（1）数据准备与模拟生成：

定义一个函数 simulate_commodity_data() 模拟若干大宗商品在一段时间内的特征数据。为每种商品生成基本面数据（产量、库存、进出口、供需缺口）、宏观金融数据（美元指数、利率、地缘政治风险、持仓数据）以及市场特征（波动率、动量因子、期现价差、交易量变化率），并将数据整合为一个 DataFrame，包含日期、商品名称和一系列特征列。

(2) 数据清洗与归一化处理：

定义 clean_and_normalize_data(df) 函数对数据进行清洗，使用适当的归一化方法（如 StandardScaler）对数值列进行归一化，返回处理完成的特征矩阵（ndarray）以及商品和日期的映射信息。

(3) 聚类分析与最佳 K 选择：

定义 find_optimal_k(feature_matrix) 函数，对 K 从 2 到若干值进行循环，每次使用 K 均值聚类（例如 KMeans(random_state=42)）训练模型。计算每个 K 值对应的 SSE(Within-Cluster-Sum-of-Squares) 或者使用轮廓系数（Silhouette Score）来评估聚类质量，根据肘部法或最大轮廓系数选择最佳 K 值，返回最佳 K 值及对应的 K 均值模型。

(4) 聚类结果评估与解释：

定义 analyze_clusters(feature_matrix, labels, commodity_list) 函数，根据聚类标签对商品进行分组统计，得到每个群组在各因子上的均值、标准差等统计量。使用降维方法（PCA 或 TSNE）将高维特征降至 2 维或 3 维，以辅助可视化展示群组结构。输出分析报告和图表信息（如打印控制台报告或在未来版本中实现可视化功能）。

(5) 策略应用与建议：

定义 strategy_suggestions(labels, commodity_list) 函数，根据聚类结果给出组合配置建议。

在保证统一框架的前提下，分步骤让 AI 迭代生成实现代码，最终结果如下所示。

```python
import numpy as np
import pandas as pd
from sklearn.preprocessing import StandardScaler
from sklearn.cluster import KMeans
import matplotlib.pyplot as plt
```

```python
# 为了正常显示中文及负号
plt.rcParams['font.sans-serif'] = ['SimHei']
plt.rcParams['axes.unicode_minus'] = False

np.random.seed(42)

def simulate_commodity_data():
    """
    模拟大宗商品特征数据的函数。
    商品包括：WTI 原油、布伦特原油、COMEX 黄金、LME 铜、大豆、小麦。
    假设对每个商品有 60 天的历史特征数据。

    特征包括三大类：
        ①基本面因素（Production 产量、Inventory 库存、Trade_Balance 进出口差额、Supply_Demand_Gap 供需缺口）
        ②宏观与金融因素（Dollar_Index 美元指数、Interest_Rate 利率、GeoRisk 地缘政治风险、CFTC_Position 持仓数据）
        ③市场特征（Volatility 价格波动率、Price_Vol_Factor 价量动量因子、Basis 期现价差、Volume_Change 交易量变化率）

    数据完全随机生成，用于演示聚类过程和策略逻辑。
    """
    # 定义商品列表
    commodities = ["WTI_Oil", "Brent_Oil", "COMEX_Gold", "LME_Copper", "Soybeans", "Wheat"]
    days = 60

    # 随机生成各类特征数据（数值范围和分布只是示例）
    Production = np.random.uniform(50, 200, size=(days, len(commodities)))
    Inventory = np.random.uniform(100, 500, size=(days, len(commodities)))
    Trade_Balance = np.random.normal(0, 10, size=(days,
```

```python
len(commodities)))
        Supply_Demand_Gap = np.random.normal(0, 5, size=(days,
len(commodities)))

        Dollar_Index = np.random.uniform(90, 110, size=(days,
len(commodities)))
        Interest_Rate = np.random.uniform(0, 5, size=(days,
len(commodities)))
     GeoRisk = np.random.uniform(0, 1, size=(days, len(commodities)))
        CFTC_Position = np.random.normal(0, 100, size=(days,
len(commodities)))

        Volatility = np.random.uniform(0.01, 0.05, size=(days,
len(commodities)))
        Price_Vol_Factor = np.random.normal(0, 1, size=(days,
len(commodities)))
       Basis = np.random.normal(0, 0.5, size=(days, len(commodities)))
        Volume_Change = np.random.normal(0, 0.1, size=(days,
len(commodities)))

        # 将每日、每只商品的特征记录整合到记录列表中
        records = []
        for i, com in enumerate(commodities):
            for d in range(days):
                record = {
                    'date': pd.Timestamp('2022-01-01') +
pd.Timedelta(days=d),
                    'commodity': com,
                    'Production': Production[d, i],
                    'Inventory': Inventory[d, i],
                    'Trade_Balance': Trade_Balance[d, i],
                    'Supply_Demand_Gap': Supply_Demand_Gap[d, i],
                    'Dollar_Index': Dollar_Index[d, i],
```

```python
                    'Interest_Rate': Interest_Rate[d, i],
                    'GeoRisk': GeoRisk[d, i],
                    'CFTC_Position': CFTC_Position[d, i],
                    'Volatility': Volatility[d, i],
                    'Price_Vol_Factor': Price_Vol_Factor[d, i],
                    'Basis': Basis[d, i],
                    'Volume_Change': Volume_Change[d, i]
                }
                records.append(record)

    df = pd.DataFrame(records)
    return df


def clean_and_normalize_data(df):
    """
    数据清洗与归一化处理函数。
    本示例中假设数据无缺失值和异常值,只进行归一化(标准化)。
    返回标准化后的特征矩阵 X_scaled 和特征列名列表 features。
    """
    features = ['Production','Inventory','Trade_Balance','Supply_Demand_Gap','Dollar_Index',
                'Interest_Rate','GeoRisk','CFTC_Position','Volatility','Price_Vol_Factor','Basis','Volume_Change']
    X = df[features].values
    scaler = StandardScaler()
    X_scaled = scaler.fit_transform(X)
    return X_scaled, features


def find_optimal_k(X_scaled, max_k=10):
    """
    利用肘部法(Elbow Method)寻找合适的K值。
    对K从2到max_k进行聚类,计算SSE(簇内误差和),并绘制K与SSE关系图。
```

```python
    用户可根据图形判断肘点，选择合适的 K 值。
    此处为演示，最后假设 K=4。
    """
    sse = []
    K_range = range(2, max_k+1)
    for k in K_range:
        kmeans = KMeans(n_clusters=k, random_state=42)
        kmeans.fit(X_scaled)
        sse.append(kmeans.inertia_)

    # 绘制肘部图
    plt.figure(figsize=(6,4))
    plt.plot(K_range, sse, marker='o')
    plt.title("肘部法确定最佳 K 值 ")
    plt.xlabel(" 聚类数目（K)")
    plt.ylabel("SSE（簇内误差和）")
    plt.grid(True)
    plt.show()

    # 实际使用中应观察图形形态确定 K 值，这里假设 K=4 作为示例
    best_k = 4
    return best_k

def run_kmeans(X_scaled, k):
    """
    使用 K 均值算法对特征数据进行聚类。
    返回 kmeans 模型对象和每个样本对应的聚类标签 labels。
    """
    kmeans = KMeans(n_clusters=k, random_state=42)
    labels = kmeans.fit_predict(X_scaled)
    return kmeans, labels

def analyze_clusters(df, labels, features):
```

```python
    """
    对聚类结果进行分析。
    包括：
    ①统计各群组在各特征上的均值，帮助理解群组特性。
    ②查看每个群组中出现频率最高的商品，以进一步了解群组的构成。
    """
    df_out = df.copy()
    df_out['cluster'] = labels

    cluster_stats = df_out.groupby('cluster')[features].mean()
    print("聚类群组特征均值：")
    print(cluster_stats)
    print()

    cluster_commodities = df_out.groupby('cluster')['commodity'].apply(lambda x: x.value_counts().head(3))
    print("各群组最常见的商品（前3个）：")
    print(cluster_commodities)
    print()

def strategy_suggestions(df, labels):
    """
    根据聚类结果给出策略应用建议。
    思路：
    - 从不同群组中挑选商品进行多元化配置，以降低单一类别或因子风险。
    - 在特定宏观情境下，通过调整群组间的权重，对冲特定市场变化的影响。
    """
    print("策略应用建议：")
    print("通过聚类结果，我们已将大宗商品划分成若干群组。每个群组代表具有相似特征的商品集合。")
    print("在构建投资组合时，可以考虑从不同群组中各选取一部分商品，实现特征层面的多元化配置。")
    print("例如：")
```

```python
        print(" - 如果能源与工业金属类别同时下行，可以在贵金属相关群组
中加大配置权重，起到对冲作用。")
        print(" - 在农产品市场因季节性供需波动时，可从另一个群组（关联
度低的商品组）中寻找资产平衡。")
        print(" 这种多元化配置有助于在宏观变化中保持组合相对稳定。")
        print()


def main():
    # 步骤1：数据生成与模拟
    df = simulate_commodity_data()
    print(" 数据预览：")
    print(df.head())
    print()

    # 步骤2：数据清洗与归一化
    X_scaled, features = clean_and_normalize_data(df)

    # 步骤3：寻找最佳K值并聚类
    best_k = find_optimal_k(X_scaled, max_k=10)
    kmeans, labels = run_kmeans(X_scaled, best_k)

    # 步骤4：聚类结果分析与解释
    analyze_clusters(df, labels, features)

    # 步骤5：策略建议
    strategy_suggestions(df, labels)

if __name__ == "__main__":
    main()
```

代码所输出的折线图见如图 9-1 所示。

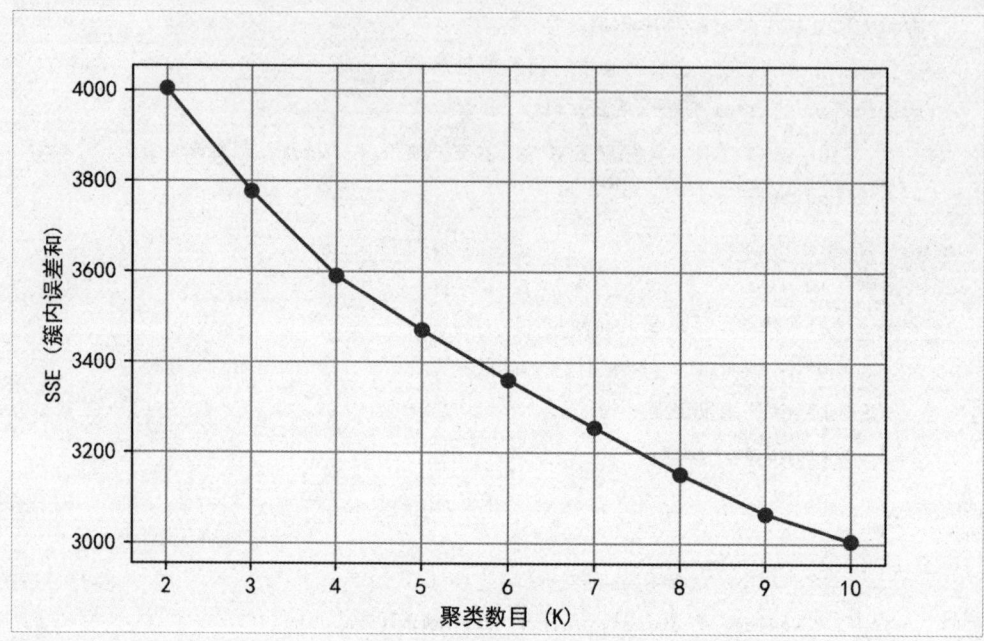

图 9-1 肘部法确定最佳 K 值

程序输出如图 9-2 所示。

```
数据预览:
        date  commodity  Production  ...  Price_Vol_Factor    Basis  Volume_Change
0  2022-01-01    WTI_Oil  106.181018  ...         -0.487203  0.216131      -0.050178
1  2022-01-02    WTI_Oil   58.712542  ...          0.595029  0.420992       0.122082
2  2022-01-03    WTI_Oil  174.866396  ...          0.573128 -0.618713      -0.079556
3  2022-01-04    WTI_Oil  114.791753  ...          0.349800 -0.229545      -0.096566
4  2022-01-05    WTI_Oil  118.410498  ...          0.915390 -0.048312      -0.183168

[5 rows x 14 columns]

聚类群组特征均值:
         Production   Inventory  ...     Basis  Volume_Change
cluster                           ...
0        163.992777  287.562356  ... -0.145072      -0.027401
1        134.255492  293.758005  ... -0.229588      -0.013666
2        108.739621  321.262408  ... -0.084671       0.035155
3         88.320796  294.436339  ...  0.482924      -0.006149

[4 rows x 12 columns]

各群组最常见的商品（前3个）:
cluster
0        Brent_Oil    20
         COMEX_Gold   18
         Soybeans     16
1        LME_Copper   22
         COMEX_Gold   18
         Soybeans     16
2        WTI_Oil      18
         Soybeans     17
         Brent_Oil    13
3        Wheat        23
         WTI_Oil      18
         LME_Copper   16
Name: commodity, dtype: int64

策略应用建议:
通过聚类结果，我们已将大宗商品划分成若干群组。每个群组代表具有相似特征的商品集合。
在构建投资组合时，可以考虑从不同群组中各选取一部分商品，从而在特征层面实现分散化。
例如：
   - 如果能源与工业金属类别同时下行，可以考虑在贵金属群组中配置更高权重以对冲风险。
   - 在农产品因季节性供需波动时，可从另一个群组（如避险类或关联度较低的商品组）中选择资产平衡。
这种多元化配置有助于在宏观变化中保持组合相对稳定。


进程已结束，退出代码为 0
```

图 9-2 程序输出

9.2 层次聚类

9.2.1 凝聚式与分裂式层次聚类方法

层次聚类是一类可以在多种聚类粒度下查看数据结构的无监督学习方法。与 K 均值聚类等需要预先指定聚类数量的算法不同，层次聚类并不在一开始就给出 K 的数值，而是通过不断"凝聚"或"分裂"样本集来产生一系列层次结构，从而让研究者在不同层次观察数据集的分群情况。

（1）凝聚式层次聚类：

凝聚式层次聚类（AgglomerativeClustering）从每个样本点作为独立的一个类开始，然后逐步合并最相似的两个类，直到最终所有样本被合并为一个大类。合并过程需要定义"类间距离"的计算方法，比如使用单连接（Single Linkage）、完全连接（Complete Linkage）、平均连接（Average Linkage）或 Ward's 方法等度量类之间的距离或差异。

比如在单连接中，两个类之间的距离定义为两类中最近两个点之间的距离；而在完全连接中，则是两类中最远两点之间的距离。不同的连接策略会对最终聚类结构产生影响。

（2）分裂式层次聚类：

分裂式方法（Divisive Clustering）与凝聚式相反，它从一个大类开始（即所有点都在一个类中），然后逐步将类分裂为更小的子类，直到达到指定条件。分裂式方法在实际中用得较少，因为其计算复杂度通常会更高。

无论是凝聚式还是分裂式层次聚类，在整个聚类过程的每个阶段都可以获得一组类划分方案。这种从单点到大类（或由大类到细分类）的层次结构，天然地产生了一棵聚类树。

9.2.2 树状聚类图与聚类层次选择

树状聚类图（Dendrogram）是层次聚类结果的可视化表现形式，它将样本沿一个坐标轴排开，通过树状分支展示样本从独立点开始逐步合并成类的整个过程。树的底部（叶子）代表单个数据点，而向上越高的分支代表更高层级的类合并。当所有数据点汇合到树的最高层时，就形成了一个单一的聚类。

通过阅读树状聚类图，我们可以决定在何处"截断"这棵树，从而确定聚类数量和粒度。假设在某个高度截断，树被分裂成若干分支，每个分支对应一个类。如果在较低的高度截断，会得到更多的小类；在较高的高度截断，则会得到更少但更广泛的大类。选择截断点主要取决于分析需求和对聚类质量的评估。

在实践中，可以根据类间距离的跳变情况选择一个合适的截断点。比如当从某一层次到下一层次合并时距离突然有大幅增加，说明此时将两个聚类合并有损类的内部一致性，在这个点截断可能是合适的。也可以结合业务逻辑：如果我们希望将资产分为若干可解释的板块，则可在树状聚类图上寻找能反映相对清晰分离的层次结构的位置。

9.2.3 层次聚类与因子分组

层次聚类常用于因子或资产的分组，它能揭示数据内部的层级结构，有助于实现如下目标：

（1）因子聚类与冗余因子筛选：

在量化选股模型或多因子策略构建中，研究者往往手头有大量因子（如估值、成长、质量、动量、波动率、行业哑变量、宏观因素）。许多因子可能存在高度相关性，比如两个因子都衡量企业盈利能力，但定义略有不同。直接在模型中使用大量高度相关因子可能导致多重共线性和冗余，对模型稳定性不利。

将因子特征矩阵（不同因子为列，不同样本或不同时间段的截面数据为行）作为输入，对因子进行层次聚类。树状聚类图可帮助我们发现因子之间的分组特征，例如一堆营利相关因子聚在一起，一堆估值相关因子聚在一起。通过在树状聚类图上选择合适的截断点，我们或许可以提取少数几个代表性因子，减少因子维度和冗余，提升模型简洁度与稳健性。

(2) 资产聚类与组合分散化：

对资产（股票、行业、国家指数、债券等）进行层次聚类能识别出相似风格或高度相关的一组资产。比如同属于高科技行业的股票可能在聚类树中相互靠近，而传统产业、消费板块、周期性资产等会在另一部分形成独特群组。这有助于投资者理解市场内部结构并进行分散化投资。

若发现一组资产紧密聚合在一起，它们可能存在高度的相关性和相似的风险暴露。在构建投资组合时，从同一聚合群组中只挑选其中少数代表性的资产，即可在保持策略风格特性的同时减少不必要的重复风险敞口。这样，组合中每个聚类群组都代表着一个相对独立的市场风险源，从而加强风险控制和提高策略稳健性。

(3) 风险暴露分析与动态调整：

市场环境在不断变化，定期运行层次聚类，观察树状聚类图变化情况可以帮助我们捕捉市场结构的演变。当某些因子群组内部相关性变弱，或不同板块间距离缩小、扩大，就可能意味着市场风格切换，风险偏好改变，或特定行业迎来、失去投资青睐。这些信息可用于动态调仓、分散化策略优化和风险对冲方案设计。

9.3 主成分分析

9.3.1 PCA 降维原理

主成分分析（Principal Component Analysis，PCA）是一种经典的线性降维方法，目的在于在保留数据主要信息的前提下，将高维数据映射到一个低维子空间中。通过 PCA，我们能够从复杂、多维的特征空间中提取出若干个"主成分"（Principal Components），这些主成分是原始特征的线性组合，每个主成分最大化数据在该方向上的方差，并保证不同主成分之间相互正交（即不相关）。

设有一个数据集，其中每一行是一个样本，每一列是一个特征。PCA 的目标是找到一组方向向量（称为主成分方向），将数据在这些方向上投影，使得投影后的数据分布方差最大化。在几何直观上，PCA 寻找从高维空间到低维空间的一组正交投影，使数据在这些投影方向上尽可能分散开来，以捕捉数据变化的主要模式。

通常将数据均值归零（中心化）后，计算数据协方差矩阵，对于维特征数据，协方差矩阵是一个的对称式矩阵。PCA 通过对协方差矩阵进行特征值分解（Eigen-Decomposition），找到特征值与特征向量。特征值的大小反映对应特征向量方向上数据的方差大小，特征向量则给出该主成分的线性组合方向。将特征值从大到小排序，对应的特征向量就是主成分方向。前几个最大的特征值对应的特征向量捕捉了数据绝大部分的方差信息。当特征维度很高时，还可以使用奇异值分解（SVD）得到同样的结果。

将每个主成分所对应的特征值除以特征值总和，就能得到该主成分所解释的方差比率，表示该主成分对整体数据方差的贡献比例。通过累积方差贡献率，我们可以决定选取多少个主成分。在实践中，当几个主成分已经解释了数据绝大部分方差（如 80%～90%）时，就可以通过保留这些主成分来显著降低数据维度，而仅牺牲很少的数据信息。

9.3.2 PCA 在量化交易中的具体应用

面对大量维度的因子数据（比如从基本面、技术面、行业特征、宏观指标和市场情绪中提取的几十甚至上百个因子），这样的大量特征极容易导致多重共线性、信息冗余和过拟合风险。PCA 为这些问题提供了解决思路：通过降维提取市场中的主导风险因子和主要特征方向，帮助降低问题复杂度与特征维度，进而提高策略稳健性。

（1）提取主导风险因子：

在市场环境下，不同因子往往存在内在关联与冗余，多个估值因子可能会捕捉到类似的市场定价信息，多种动量指标也可能高度相关。PCA 可以通过在协方差矩阵中寻找最大方差方向，提炼出几条"主成分"，这些主成分代表市场中最显著的风险因子和主导变化模式。

举例来说，第一主成分可能反映的是市场整体系统性风险（类似"市场因子"），第二主成分可能与行业轮动相关，第三主成分可能与特定风格因子（如成长风格、价值风格）或宏观周期性因素相关。对这些主成分进行解释可以帮助研究者识别市场中核心驱动因素。

（2）减少特征维度与过拟合风险：

当因子维度过高时，模型（无论是回归模型还是机器学习模型）会在训练过程中对噪声过度拟合，从而难以在未来数据上保持稳定表现。通过 PCA 将多维因子数据映射到少数几个主成分子空间中，这些主成分包含了大部分有效信息但又降低了特征维数。较少的特征更易于理解和管理，模型的复杂度也随之降低，从而在回测和实盘中更具稳健性。

（3）风险分析与对冲策略设计：

当识别出前几个主成分之后，可以分析各资产（或各个因子）在这些主成分上的暴露度。若发现组合对第一主成分（市场整体风险）暴露过大，则可以通过对冲手段（如使用指数期货或特定ETF）来减少该主成分的影响，从而降低组合系统性风险。

如果想构建相对市场中性策略，则可以将多维因子通过PCA变换后，在低维主成分空间中寻找更均衡的暴露，达到更有效的风险中性状态。比如通过对某些主成分进行空头操作，对另一些进行多头配置，实现特定因子的纯粹表达。

（4）提高策略稳健性与解释性：

PCA减少了因子之间的多重共线性，使得模型参数和因子权重更稳定。当市场环境变化时，主成分的结构与解释也可能发生变化，通过定期对数据运行PCA，可以动态监控市场风险因子的变化，调整策略的因子配置与对冲方案，以适应新的市场结构。这种动态调整帮助策略在不同的市场周期中仍能保持一定的稳健性和适应性。

  人工智能更像是一面镜子,它所折射出的更多的是人类认知的复杂性与局限性。在量化交易这个高度专业化的领域,AI 既不是万能的解药,也不是可以完全取代人类智慧的工具。它本质上是一种增强人类决策的认知技术,是链接人类直觉与数据理性的桥梁。

  技术的进化从来都不是线性的,我们看到的不仅仅是编程门槛的降低,更是知识获取与应用范式的颠覆性转变——曾经需要数年积累的专业技能,现在在 AI 的帮助下甚至不用太过深入地进行学习,而且这种变革不仅仅发生在金融领域,它也同时正在重塑所有知识型行业的技术生态。当然,如果想要在这个行业获得更进一步的发展,那么个人的技术与理论知识储备依然是必需品。人工智能可以帮助我们"逃课",但这也只是一条让使用者更快入门量化交易的捷径,逃掉的课始终还是得补回来。

  在写作的过程中,笔者始终保持开放与批判的态度,AI 并非完美,量化交易也并非只有技术决定论。成功的交易策略,归根结底还是人的智慧与对市场微妙变化的敏锐洞察。技术只是工具,洞察力与判断力才是核心竞争力。

  在本书的最后,笔者仍要强调:量化交易与 AI 技术的发展是一个动态过程,对于每一位读者而言,书中的内容不应该被视为一个封闭的知识系统,而是一个持续迭代的技术范式。在这个技术更迭如此迅速的时代,学习的路径比结果本身更加重要,真正重要的是,读者是否在这个过程中形成了独立思考、快速验证与持续迭代的能力。

  在"AI+金融"这条不断延伸的赛道上,本书只是一个阶段性的脚注,而非终点。笔者相信,随着算力提升、算法优化以及数据生态的丰富,智能交易的边界将被持续拓宽。希望本书所传递的实践思路与工程化经验,能在您未来的探索中助您一臂之力,为更高水准的量化实践与创新铺平道路。